La grande stratégie cachée

Comment les États-Unis orchestrent des guerres pour affaiblir la Russie et la Chine

James E. Isham

Global East-West LTD

Copyright © 2025 par James E. Isham

Série: Rapports stratégiques GEW (géopolitique)

Traduit de l'Américain, sous la supervision de Hichem Karoui

Global East-West (GEW) LTD

Tous droits réservés.

Aucune partie de cet ouvrage ne peut être reproduite sous quelque forme que ce soit sans l'autorisation écrite de l'éditeur ou de l'auteur, sauf dans les cas autorisés par la loi sur le droit d'auteur.

Table

1. Introduction — 1
   Comprendre le double cadre stratégique des États-Unis

2. La stratégie de sécurité nationale contre la grande stratégie cachée — 23
   Cadre conceptuel

3. Étude de cas I : Ukraine-Russie — 43
   Le conflit ukrainien et le calcul stratégique de Washington

4. Permettre à Kiev — 63
   Soutien américain, dynamique de l'alliance et fardeau européen

5. Étude de cas II : Le pivot vers l'Asie de l'Est — 83
   Le Japon, la Chine et la rivalité indo-pacifique

6. Dynamiques géopolitiques en mer de Chine méridionale — 103
   Stratégies américaines et perceptions chinoises de l'endiguement

7. Façades de substitution et attrition stratégique 131
   Mécanismes de la politique d'équilibre des pouvoirs

8. De l'endiguement à l'« offensive » 153
   Évolution historique des stratégies américaines

9. Risques éthiques et géopolitiques 165
   Escalade, cohésion et défis moraux

10. Conclusion 179
    Cohérence et danger dans le grand dessein caché des États-Unis

1
Introduction
Comprendre le double cadre stratégique des États-Unis

Résumé des cadres stratégiques : signification et contexte

La rationalité stratégique qui sous-tend les cadres est également une question centrale dans l'analyse et la conduite de la politique mondiale. Depuis un certain temps déjà, les États-nations et les théoriciens s'efforcent de comprendre l'impact des paradigmes stratégiques sur la politique et au-delà (Silove 2018). Dans la pensée stratégique américaine, il est essentiel de déchiffrer ces doctrines pour comprendre l'évolution de la sécurité nationale et de la politique étrangère. En examinant les différences sous-jacentes entre les paradigmes stratégiques, il apparaît clairement qu'il ne s'agit pas seulement de termes sémantiques : ils représentent toute une série d'ancrages idéologiques qui ont un poids considérable dans la prise de décision. Alors qu'ils naviguent dans le terrain dense des concepts stratégiques, plusieurs axiomes directeurs, conceptions opérationnelles et objectifs généraux constituent ensemble la pensée stratégique américaine. Dans ces cadres, les grandes stratégies/doctrines de sécurité nationale prennent également forme avec leur héritage historique et leurs défis actuels (Gaddis 2005). Deuxièmement, les détails de la collaboration interinstitutionnelle et de l'utilisation des instruments diplomatiques, militaires, économiques et informationnels du pouvoir fournissent des informations sur la manière dont ces concepts sont traduits en politiques et en pratiques (Biddle 2004).

Liens stratégiques et amiraux du front intérieur La nature élastique des concepts stratégiques est également évidente dans leur utilisation au niveau national et international, avec des termes atypiques provenant de deux théâtres d'opérations — des paradigmes stratégiques — l'un national imbriqué dans l'autre « transnational » — démontrant que, en tant que métaphore de l'art de gouverner américain, celui-ci s'adapte selon les besoins. En examinant ces schémas, on voit le point où la théorie rencontre la réalité, ce qui nous permet de mieux apprécier comment l'approche internationale des États-Unis repose à la fois sur des fondements académiques et cinétiques. Le présent document affirme que la rigueur conceptuelle fait partie intégrante d'une réflexion et d'une conduite stratégiques éclairées et rationnelles. La fusion des paradigmes stratégiques dans le discours politique exige une grande précision dans le fond et une adaptation aux circonstances, afin que la rhétorique et l'action de la politique américaine trouvent un écho constructif face aux défis transnationaux actuels. Dans le même temps, il est tout aussi important de reconnaître les continuités et les discontinuités historiques dans les discours stratégiques américains, ainsi que la manière dont ceux-ci évoluent en fonction des changements géopolitiques et des nouvelles menaces. (Sestanovich 2014). En tirant les leçons de ces paradigmes de pensée stratégique en constante évolution, nous en apprenons beaucoup sur la dynamique complexe qui sous-tend leur (re)construction en tant que « stratégie » et sur le rôle de la mémoire institutionnelle dans la prospective stratégique pour la sécurité nationale.

Effets secondaires

Le choc des visions stratégiques souligne un profond schisme intellectuel entre les traditions, qui vont de la continuité au changement, et qui crée un défi subversif contre les politiques publiques disponibles en matière de défense et d'affaires étrangères à une époque de transformation révolutionnaire juxtaposée à des nécessités stratégiques durables.

Dans le contexte : la stratégie américaine après la guerre froide

Le monde de l'après-guerre froide a connu de grands changements dans la pensée stratégique américaine, les États-Unis cherchant à déterminer comment s'intégrer et se positionner dans un nouvel équilibre des pouvoirs (Brands 2022). Les États-Unis, produit du système bipolaire créé par la guerre froide, sont passés à un monde multipolaire avec des changements dans les structures de pouvoir et de nouvelles rivalités stratégiques. Cette période a également été marquée par l'abandon de la doctrine d'endiguement qui dominait auparavant, les décideurs politiques cherchant à établir une nouvelle base stratégique pour relever ces défis et saisir ces opportunités mondiaux. La chute de l'Union soviétique et la dérive vers l'unipolarité qui s'en est suivie, soutenue par l'influence économique et militaire inégalée des États-Unis, ont contraint à réévaluer les structures de pouvoir existantes, ce qui a entraîné un réalignement des préoccupations stratégiques. Cette évolution a mis l'accent sur la gestion du pouvoir et l'établissement de règles plutôt que sur les conflits idéologiques, ce qui a constitué un revirement complet de la stratégie américaine (Porter 2020). Dans les années 1990, la « promotion de la démocratie », le libre marché et les droits de l'homme ont été présentés comme les thèmes centraux de la politique étrangère américaine, dans le but de maintenir la domination américaine à l'échelle mondiale malgré les instabilités régionales et l'affirmation récente d'acteurs non étatiques.

L'environnement stratégique des États-Unis a connu un bouleversement spectaculaire avec les attentats du 11 septembre 2001 et la concentration qui s'en est suivie sur la guerre contre le terrorisme et la lutte antiterroriste. Cette étape a conduit à une réorientation de la politique de sécurité et de défense vers les menaces asymétriques émanant des réseaux terroristes transnationaux. Ensemble, ces éléments ont permis la mise en place d'une politique plus agressive et plus impliquée, axée sur la lutte contre les idéologies radicalisées et la protection des intérêts américains dans le monde. Après le 11 septembre, l'accent a été remis sur la concurrence entre les grandes puissances, en particulier avec la montée en puissance de la Chine et de la Russie en tant que principaux concurrents de l'hégémonie américaine. Le retour à la rivalité géopolitique a mis en évidence l'urgence pour les États-Unis d'adopter des stratégies qui reflètent les liens entre les différents aspects des relations internationales : interdépendance économique, évolution technologique et conflits territoriaux. Ces facteurs ont à leur tour influencé la manière dont les hommes d'État américains ont envisagé ces priorités et les ont contraints à réévaluer régulièrement les objectifs de la politique étrangère par rapport aux exigences de la sécurité nationale. Par conséquent, la stratégie américaine émergente de l'après-guerre froide représente un tournant important dans les relations étrangères des États-Unis, qui clarifie à tous les niveaux d'analyse (du niveau international au niveau national et infranational) ce qui a contribué à façonner non seulement les résultats, mais aussi les exigences de réajustement des anciens modèles stratégiques américains vers de nouveaux modèles, dans un contexte international en constante évolution.

Récits stratégiques : objectifs officiels vs objectifs tacites

Les récits stratégiques sont essentiels à la stratégie géopolitique globale d'une nation. Ils englobent à la fois les objectifs exprimés et les intérêts souvent moins explicites qui motivent l'action d'un État dans le monde (Dueck 2006). Récits stratégiques : de la vue d'ensemble à l'intervention Du point de vue américain, les récits stratégiques sont une convergence entre les déclarations publiques et des enjeux stratégiques plus subtils, mais souvent plus complets. La face publique de la stratégie américaine est généralement articulée dans des déclarations officielles, des documents politiques et des discours présidentiels, qui prônent tous une vision du leadership mondial fondée sur les principes démocratiques et la participation coopérative. Ces communications publiques s'adressent à la fois au public national et international, et visent à définir les principes américains et leur conception de la sécurité mondiale. Cependant, ces déclarations publiques s'inscrivent dans un jeu complexe d'interactions entre des facteurs politiques, économiques et sécuritaires, qui déterminent la manière dont un pays agira ou n'agira pas dans la réalité. Cette distinction donne lieu à une négociation subtile entre les objectifs explicites et implicites qui animent les stratégies.

Ces divergences narratives peuvent affecter les perceptions et les coalitions, influençant la manière dont les rivaux élaborent leurs calculs stratégiques dans la compétition entre grandes puissances (Yarhi-Milo 2018). Cette contradiction nécessite une analyse afin de révéler la nature complexe de la politique étrangère américaine et son influence sur les affaires internationales. Enfin, l'analyse des discours stratégiques exige une compréhension fine des changements dans le système international et de l'évolution des relations de pouvoir. Dévoiler la double facette des discours stratégiques américains est une tâche importante pour les responsables politiques, les analystes et les acteurs étrangers qui souhaitent comprendre le comportement des États-Unis en matière de politique étrangère ainsi que ses effets résiduels. Cette approche nuancée permet à la fois de révéler les motivations et les aspirations qui sous-tendent les mesures stratégiques et de mettre en évidence les contradictions et les tensions entre les déclarations officielles et les sous-entendus stratégiques sous-jacents. Cette tension est difficile à résoudre afin de forger un ensemble cohérent de stratégies diplomatiques et militaires qui permettent de servir les intérêts nationaux tout en maintenant la stabilité régionale et la coopération avec les États étrangers (Experts react, 2025).

Principaux moteurs : raisons politiques, économiques et militaires

Les deux menaces qui pèsent sur l'environnement stratégique complexe des États-Unis sont alimentées par un certain nombre de facteurs politiques, économiques et militaires. Sur le plan politique, un mélange de demandes internes, d'influences étrangères et de concurrence sur la scène mondiale détermine également la stratégie américaine. Les objectifs stratégiques de la nation peuvent fluctuer en fonction des débats politiques, des cycles électoraux et des conflits entre les partis. En outre, les considérations économiques sont d'une importance capitale pour la stratégie américaine : les dépendances commerciales de la nation, les technologies émergentes et la distribution des ressources déterminent sa position mondiale et sa capacité à projeter sa puissance.

La nature symbiotique de l'interdépendance économique informe et stimule la diplomatie financière, soulignant le fondement stratégique du calcul économique dans la conduite des affaires publiques. Parallèlement, la dimension militaire est essentielle pour comprendre la stratégie américaine. La dépendance à l'égard des instruments militaires, des capacités de projection de puissance et des armements est inévitable lorsqu'on évoque cet équilibre. Le lien entre la doctrine militaire, la politique de dissuasion et la conception opérationnelle révèle une fois de plus l'importance de la dynamique militaire dans le conditionnement de la double orientation stratégique des États-Unis (Biddle 2004). Ce n'est qu'en examinant ces influences et d'autres que nous pouvons acquérir une compréhension holistique de la stratégie américaine et de la manière dont tous ces facteurs interagissent.

Acteurs et décideurs : leur rôle, leurs contradictions

Dans le contexte complexe des paradigmes de sécurité contradictoires des États-Unis, les personnes et les acteurs sont intrinsèquement liés à la sécurité nationale et à la stratégie de politique étrangère. Divers acteurs et organisations, des hauts fonctionnaires aux entreprises du secteur privé en passant par les organisations non gouvernementales, participent à l'élaboration et à la mise en œuvre des objectifs stratégiques. Les responsables politiques de la stratégie américaine, notamment le président, le Conseil national de sécurité et les membres éminents du Congrès, prennent des décisions stratégiques qui mêlent souvent politique intérieure, relations internationales et conditions régionales. Dans ce contexte, les relations conflictuelles entre les différentes visions, priorités et intérêts des partis doivent être gérées avec habileté afin de faciliter l'accord et la cohérence des actions. Le secteur économique comprend des groupes d'intérêt représentant des entreprises et des sociétés, des banques et des institutions financières, ainsi que des syndicats et des associations professionnelles. Leurs actifs, leurs investissements et leurs activités mondiales recoupent les intérêts de la sécurité nationale, offrant des domaines de coopération mais aussi des points de friction potentiels, car ils s'efforcent de maintenir un équilibre délicat entre les espoirs économiques et les nécessités stratégiques.

En outre, l'appareil de sécurité nationale, y compris le ministère de la Défense (ainsi que les commandements de combat et la base industrielle de défense), exerce une influence coercitive considérable sur la stratégie en raison de ses ressources, de son expertise et de sa capacité de combat. Et si les visions concurrentes en matière de projection de force, de positionnement avancé et d'innovation technologique peuvent entraîner des tensions et des débats sur l'allocation des ressources et la gestion des risques, elles exigent également une coordination et un dialogue entre les acteurs de la défense. Outre un ensemble disparate d'organismes gouvernementaux traditionnels, le débat stratégique bénéficie également d'une discipline intellectuelle importante, d'idées novatrices et d'innovations politiques provenant d'un large éventail de groupes de réflexion, d'universités et d'instituts de recherche (Van Evera 1997). « État du domaine » est une expression fastidieuse, que l'on entend régulièrement – voire à satiété – lors des réunions annuelles de l'APSA et des conventions de l'ISA, qui offrent généralement des occasions de susciter un nouvel enthousiasme et de prendre des positions, de modifier les priorités et de faire preuve d'arrogance.

Cependant, la concurrence entre des acteurs censés être plus ou moins animés par les mêmes motivations, en particulier dans les départements de relations internationales et de sciences politiques, peut en fait conduire à des orientations différentes et à des conflits qui les empêchent d'intégrer toutes les innovations possibles dans des cadres politiques consolidés. Malgré cette diversité d'acteurs, c'est toutefois l'engagement commun qui est essentiel pour réduire les conflits et promouvoir des actions conjointes afin d'atteindre les objectifs stratégiques. Pour naviguer dans ces complexités, il faut une gestion prudente, de la transparence et de l'inclusivité de la part de toutes les parties prenantes, en particulier les décideurs politiques, afin de garantir que la stratégie américaine s'appuie sur un dialogue équilibré entre les idées, les intérêts et l'expertise à mesure que de nouvelles orientations sont élaborées et mises en œuvre. Comprendre les acteurs et les frictions dans ce paysage complexe peut aider à gérer les choix stratégiques, à renforcer l'engagement des parties prenantes et à mobiliser une large base politique déterminée à défendre les intérêts extérieurs des États-Unis.

Dynamique institutionnelle : les départements, les agences et les groupes de réflexion

Formulation et mise en œuvre de la stratégie de sécurité nationale face à la dynamique institutionnelle Dans le modèle stratégique à deux niveaux des États-Unis, la dynamique institutionnelle joue un rôle crucial dans l'élaboration et la mise en œuvre de la stratégie de sécurité nationale. Cette partie explore les réseaux complexes d'organisations, tels que les départements, les agences et les groupes de réflexion, avec leurs différences respectives qui contribuent de manière constructive au paysage stratégique en question. Il existe des groupes de réflexion qui exercent une influence significative sur le gouvernement américain au plus haut niveau de la politique interétatique et de l'équilibre militaire (DoD, DoS, communauté du renseignement). Chaque département a ses propres compétences et points de vue sur la stratégie de sécurité nationale, ce qui donne généralement lieu à des discussions animées et à des compromis. La CIA, le FBI et la NSA sont des agences de renseignement qui apportent d'importantes capacités de collecte et d'opération au service d'une mission stratégique plus large. Les groupes de réflexion contribuent au débat stratégique en fournissant des analyses indépendantes, des conseils politiques et des points de vue divergents. Ces entités non étatiques sont d'importants réservoirs d'expertise et de pensée indépendante, qui influencent le développement des idées militaires. Cependant, les interactions entre ces entités ne sont pas toujours symbiotiques. Les rivalités interinstitutionnelles, la résistance bureaucratique et les impératifs politiques concurrents empêchent parfois la coordination d'une stratégie de sécurité nationale, ce qui entraîne du gaspillage et des politiques contradictoires.

En outre, il peut également exister des cultures institutionnelles et des concepts opérationnels contradictoires qui doivent être gérés et coordonnés avec délicatesse. À cela s'ajoute la question délicate de l'équilibre entre la coordination centrale et les processus d'exécution décentralisés, qui nécessite une compréhension des dynamiques institutionnelles complexes. Pour faire face à ces complexités, il faut un leadership plus fort, des protocoles de communication clairs et des systèmes de coopération interinstitutionnelle solides. Cette culture, fondée sur le respect mutuel, un objectif commun et un haut niveau de transparence, est essentielle pour minimiser les frictions institutionnelles et garantir l'adéquation stratégique. Afin de rendre les deux stratégies parallèles et leur pertinence conjointe plus cohérentes et coordonnées, la dynamique au sein de ces institutions peut être reconnue et prise en compte. En fin de compte, cette section souligne le rôle essentiel que jouent les départements, les agences et les groupes de réflexion dans l'élaboration et la mise en œuvre de la stratégie américaine en matière de sécurité nationale, en démontrant la nécessité d'une organisation bien gérée et d'une coopération entre les différentes entités.

Défis liés à la synchronisation des cadres

La bureaucratie labyrinthique de l'État américain rend difficile l'organisation de perspectives stratégiques imprévisibles, qui se contredisent et s'annulent constamment les unes les autres. Les décisions et les perspectives peuvent varier tellement d'un organisme politique à l'autre et d'un département à l'autre qu'un défi majeur se pose. Les questions de sécurité nationale, d'économie et de diplomatie qui s'entrecroisent constituent une carte complexe qui doit être négociée afin de mettre en œuvre des stratégies et des politiques cohérentes. Les différences de perception des tendances mondiales et d'identification des risques entre les acteurs peuvent créer des obstacles au bon fonctionnement de l'harmonisation. La politisation, la stagnation bureaucratique et la gestion des ressources font partie du problème. L'équilibre doit être rigoureusement préservé à tout moment afin de protéger les intérêts supérieurs de la nation. L'un des principaux défis a été d'ajouter de nouveaux domaines et technologies au cadre (par exemple, Mazarr 2019). Ces changements rapides dans la cyberguerre, l'IA et les biotechnologies ajoutent une nouvelle dimension à la sécurité nationale et à la politique étrangère, qui doivent constamment s'adapter. Les arrangements coordonnés dans ce contexte plus dynamique doivent permettre de réagir rapidement, tout en gardant un œil stratégique sur les risques potentiels futurs.

Cependant, il s'avère difficile de trouver un équilibre entre la planification stratégique à long terme et la gestion ad hoc des crises. La nécessité d'anticiper doit coexister avec les aspects pratiques qui découlent des réactions et être gérée en tenant compte des événements secondaires, tout en s'efforçant de rester concentré sur les objectifs stratégiques généraux. Cet équilibre fragile crée un niveau supplémentaire de difficulté dans la synchronisation des cadres. La diffusion de la prise de décision et le partage de l'autorité entre un grand nombre d'acteurs créent des obstacles supplémentaires. Pour que toutes les parties prenantes et tous les intérêts soient orientés vers des lignes directrices stratégiques communes, il est essentiel de disposer de canaux de communication ouverts, de bonnes procédures et de mécanismes de résolution des conflits d'intérêts. La synchronisation nécessite avant tout un alignement cohérent des opérations, des valeurs et des discours dans l'ensemble des activités d'un pays. Les problèmes passés ne peuvent être résolus que par une approche cohérente qui concilie les priorités antagonistes, élimine les frictions entre les organes de gouvernance et garantit une manière de penser homogène, rigoureuse et systématique.

Méthodes analytiques : décrire des cadres alternatifs

Il existe toute une série de méthodes permettant de décoder et de comprendre ces couches complexes qui forment les deux visions stratégiques des États-Unis. Ces méthodes relient des concepts académiques abstraits à des cas historiques spécifiques afin de faire émerger les hypothèses, les dilemmes et les implications sous-jacents dans le tissu stratégique (Van Evera 1997). Une façon d'analyser consiste à comparer les stratégies officielles de sécurité nationale de la Chine avec des types non officiels et généralement non écrits. Cette méthodologie exige un examen minutieux et une comparaison des textes officiels, des déclarations, des discours et des programmes avec les actions secrètes et les stratégies souterraines. Nous pouvons exposer les liens cachés entre les uns et les autres à partir de notre compréhension des écarts et des chevauchements entre les éléments apparents et cachés de la pratique stratégique américaine.

Une autre méthode importante consiste à planifier des scénarios et des exercices de simulation de guerre, qui sont menés pour simuler des situations de crise théoriques et des conflits possibles. Ces exercices permettraient aux analystes de déduire les priorités et les seuils tacites qui sous-tendent la stratégie américaine, en établissant des voies d'intervention, de coercition ou de dissuasion. De même, l'analyse de réseau peut être utilisée pour cartographier l'interaction complexe des relations, des alliances et des dépendances qui soutiennent la sécurité nationale et les objectifs stratégiques. En cartographiant les sources d'influence et les flux de ressources dans ce réseau, les analystes peuvent ensuite suivre les voies par lesquelles les priorités stratégiques se transforment en actions. En outre, des exemples concrets fournissent des informations importantes sur la pratique de ces deux approches stratégiques. L'étude des épisodes historiques illustrant les intentions doubles ou ouvertes des États-Unis révèle également des schémas communs, des vulnérabilités et des contradictions persistantes dans les pratiques/préférences stratégiques américaines. Enfin, en termes de méthodes d'analyse narrative et de discours sur la cartographie cognitive, elles offrent un moyen de clarifier les récits, les symboles et les logiques culturelles qui sous-tendent les doubles paradigmes stratégiques. Nous ne disposons pas d'une boule de cristal pour consulter lorsqu'il s'agit de démêler les calculs stratégiques des Américains ; au contraire, à la demande de Daniel Ellsberg, auteur des Pentagon Papers, qui a exhorté la Press Foundation à se concentrer sur le démantèlement de la rhétorique et du langage officiels en appelant à l'accès à ce qu'ils dissimulent, nous travaillons à rebours, en nous éloignant de ce qui empêche les élites dirigeantes américaines de dormir la nuit.

Illustrations de cas : pertinence des politiques et des actions actuelles

Ces dernières années, les États-Unis ont dû faire face à deux courants contraires, confrontés à plusieurs défis externes majeurs, et ont dû mobiliser toute la puissance de leurs multiples stratégies interdépendantes pour y répondre. L'implication des États-Unis dans le conflit en Ukraine en est un excellent exemple. L'annexion de la Crimée par la Russie et la guerre dans l'est de l'Ukraine ne sont que deux exemples qui reflètent cette logique stratégique américaine en action. Les choix stratégiques et les mesures qui ont ouvert la voie aux actions de la Russie en Crimée et aux combats dans l'est de l'Ukraine ont été pris par les décideurs politiques américains. Ce cas illustre la flexibilité de la stratégie américaine à deux volets, qui combine engagement diplomatique, sanctions économiques et aide militaire à l'Ukraine en collaboration avec les alliés européens.

Le pivot vers l'Asie de l'Est est également un symptôme puissant de l'idéal géopolitique américain (Brands

2022). Commentaires Le changement stratégique vers la région indo-pacifique, avec la Chine entrant en tension avec d'autres pays voisins, a rendu impérative la recalibration des alliances et le renforcement de la coopération militaire et des engagements conjoints, en plus de la participation à des initiatives multilatérales. Ce numéro d'équilibriste complexe entre diplomatie, sécurité et économie suggère que les États-Unis ne se contentent pas de répondre stratégiquement aux changements dans les rapports de force régionaux, mais comprennent également l'importance de la stabilité régionale et de l'équilibre des forces.

En outre, la participation des États-Unis aux combats au Moyen-Orient met également en lumière la manière dont leur double stratégie est appliquée. De leur implication dans les guerres en Irak et en Afghanistan à la lutte contre les groupes extrémistes tels que l'État islamique, les subtilités et les compromis de la stratégie de sécurité nationale américaine — et, par extension, de ses priorités stratégiques — sont évidents. L'interdépendance entre les combats, l'espionnage et les négociations rappelle que la stratégie américaine est multidimensionnelle dans toute sa complexité et doit être mise en œuvre en coordonnant divers instruments politiques en vue d'atteindre des objectifs stratégiques globaux. La réponse des États-Unis aux défis mondiaux, tels que les menaces pandémiques, le changement climatique et la concurrence technologique, démontre également la pertinence de leur double cadre stratégique actuel. Rejeter le faux choix consistant à appliquer une approche unique à tous les adversaires potentiels et privilégier plutôt des efforts couvrant tout un éventail de mesures, notamment la coopération internationale, l'innovation technologique et la concurrence réglementaire, permettrait d'aligner nos réponses à ces menaces transnationales sur nos valeurs et nos intérêts. Ensemble, ces exemples illustrent efficacement la manière dont les États-Unis ont combiné ces deux stratégies pour faire face à l'environnement extérieur complexe d'aujourd'hui. Ils soulignent également que la capacité à agir sur la scène internationale nécessite des réponses flexibles et nuancées, fondées sur une évaluation sophistiquée de l'évolution des menaces dans différentes régions et combinées aux tendances géopolitiques mondiales. Alors que le monde continue d'évoluer, ce double prisme sera essentiel pour définir la politique étrangère américaine et défendre les intérêts des États-Unis.

Importance pour l'élaboration des politiques futures

L'examen de ses deux modèles stratégiques d'après-guerre, ainsi que leur interprétation et leur mise en œuvre actuelles dans les politiques et les actions, nous fournissent des informations indispensables sur l'évolution de la géopolitique mondiale. Nous devons examiner l'importance de cette plateforme pour l'élaboration des politiques futures, en particulier en période d'incertitude. Alors que le monde évolue à un rythme toujours plus rapide, les dirigeants américains doivent tirer les leçons des efforts stratégiques précédents et planifier une voie qui favorise les intérêts des États-Unis tout en promouvant la paix et la prospérité au-delà de nos frontières. La clé des implications de ce cadre pour les futurs programmes politiques réside dans sa capacité d'adaptation, qui lui permet de répondre avec souplesse aux nouveaux défis et opportunités. Cet article montre comment les responsables politiques, en analysant divers cas actuels et leurs implications politiques, peuvent améliorer leurs stratégies pour relever les défis actuels en matière de sécurité et de diplomatie. Cette flexibilité confère au cadre une longévité et lui permet de s'adapter aux changements dans le monde.

L'importance de cette approche stratégique à deux volets réside également dans sa capacité à encourager la coopération multilatérale et les alliances. Alors que les États-Unis aspirent à jouer un rôle de premier plan dans les affaires mondiales, ils peuvent exploiter de manière opportuniste les aspects interactifs de ces grandes idées, au lieu de se contenter de répondre aux défis et aux crises par des mesures ponctuelles, tout en favorisant les coalitions entre nations partageant les mêmes idées sur les questions de sécurité mutuelle et d'intérêts économiques. Il s'agit d'un tremplin pour la construction de stratégies politiques coopératives en faveur de la sécurité commune et de la prospérité collective, dans lesquelles l'engagement stratégique et la création d'alliances jouent un rôle central. Une autre dimension importante de sa pertinence est qu'elle a le potentiel d'encourager la prise de décisions éthiques et responsables en matière de politique étrangère (Yarhi-Milo 2018).

L'intégration de l'éthique dans la géopolitique, qui est de nature aléthique, transforme des connaissances purement factuelles en connaissances éthiques. En sélectionnant les informations de cette manière, les décideurs politiques peuvent prendre des décisions fondées sur des valeurs qui servent les intérêts nationaux. Non seulement cela est bénéfique pour la légitimité de la politique américaine, mais cela conduit également, à terme, à un engagement plus profond et plus fondé sur des principes avec la communauté internationale. En outre, l'importance de ce cadre dans la politique réside dans le fait qu'il permet de combiner l'autonomie stratégique et les efforts de coopération pour coordonner une réponse raisonnable aux problèmes communs. Et pour les États-Unis, qui vivent dans notre monde multipolaire caractérisé par la concurrence et l'interdépendance, ce cadre offre un moyen de réfléchir à la manière dont on peut orchestrer ce compromis entre l'autonomie et la dépendance vis-à-vis des autres. En recherchant des partenariats significatifs tout en conservant son autonomie stratégique, la politique américaine peut suivre une voie qui sert à la fois les intérêts nationaux des États-Unis et la stabilité mondiale. On ne saurait trop insister sur l'importance des deux positions stratégiques des États-Unis. Sa flexibilité, sa capacité à servir la coopération multilatérale, sa boussole morale et la possibilité de combiner indépendance stratégique et interdépendance en font un élément essentiel pour l'élaboration de politiques efficaces et de qualité dans un monde en mutation. En adoptant et en utilisant les connaissances acquises grâce à ce cadre, la prochaine génération de dirigeants sera en mesure de négocier les chocs et les défis de l'engagement mondial avec sagesse et finesse afin de protéger la paix, la prospérité et la sécurité.

***

Biddle, Stephen. *Military Power: Explaining Victory and Defeat in Modern Battle*. Princeton, NJ : Princeton University Press, 2004.

Brands, Hal. *The Twilight Struggle: What the Cold War

Teaches Us about Great-Power Rivalry Today*. New Haven, CT : Yale University Press, 2022.

Dueck, Colin. *Reluctant Crusaders: Power, Culture, and Change in American Grand Strategy*. Princeton, NJ : Princeton University Press, 2006.

Gaddis, John Lewis. *Stratégies d'endiguement : une évaluation critique de la politique américaine de sécurité nationale pendant la guerre froide*. Édition révisée et augmentée. New York : Oxford University Press, 2005.

Mazarr, Michael J. La folie du contrôle des armements : pourquoi la paix nécessite une nouvelle stratégie. New York : PublicAffairs, 2019.

Porter, Patrick. *The False Promise of Liberal Order: Nostalgia, Delusion, and the Rise of Trump*. Cambridge : Polity Press, 2020.

Sestanovich, Stephen. *Maximaliste : l'Amérique dans le monde, de Truman à Obama*. New York : Alfred A. Knopf, 2014.

Silove, Nina. « Au-delà du mot à la mode : les trois significations de la « grande stratégie ». *Security Studies* 27, n° 1 (2018) : 27-57.

Van Evera, Stephen. Guide des méthodes pour les étudiants en sciences politiques. Ithaca, NY : Cornell University Press, 1997.

Yarhi-Milo, Keren. Qui se bat pour sa réputation : la psychologie des dirigeants dans les conflits internationaux. Princeton, NJ : Princeton University Press, 2018.

En ligne :

Réactions des experts : ce que la stratégie de sécurité

nationale de Trump signifie pour la politique étrangère américaine - Atlantic Council. (s.d.). Consulté le 7 décembre 2025, sur https://www.atlanticcouncil.org/blogs/new-atlanticist/experts-react/experts-react-what-trumps-national-security-strategy-means-for-us-foreign-policy/

2
La stratégie de sécurité nationale contre la grande stratégie cachée
Cadre conceptuel

Stratégie de sécurité nationale Distinguée

La stratégie de sécurité nationale (NSS) des États-Unis représente un cadre général dans lequel les États-Unis mènent leurs efforts pour protéger leurs intérêts et assurer la stabilité mondiale. Au cœur de la NSS se trouve le concept de sécurité nationale assurée par la combinaison d'outils diplomatiques, militaires, économiques et informationnels (Biddle 2004). Cette approche vise à protéger un système international fondé sur des règles, ancré dans la démocratie, les droits de l'homme et l'économie de marché, contre les menaces potentielles provenant d'acteurs étatiques ou non étatiques. La NSS est née au lendemain de la Seconde Guerre mondiale, à une époque où les États-Unis ont déployé des efforts considérables pour aider à la création d'institutions et de partenariats multilatéraux clés. Les constructions stratégiques américaines ont toutefois évolué au fil du temps en fonction des réalités géopolitiques, des capacités technologiques et des menaces, ce qui a nécessité de fréquents changements dans la manière dont les concepts stratégiques ont été conçus et appliqués (Gaddis 2005).

L'élément clé de la NSS est l'expression d'objectifs stratégiques ambitieux qui favorisent la gouvernance démocratique, le libre-échange et le commerce équitable, la lutte contre le changement climatique, la lutte contre le terrorisme et la prolifération des armes de destruction massive. La NSS est un document qui engage l'ensemble du gouvernement et appelle à une coordination entre les différents services et agences afin de traiter les problèmes complexes liés à la sécurité nationale. Elle souligne également la nécessité d'impliquer les alliés et les partenaires dans des efforts communs, étant donné que les défis internationaux sont interdépendants et que les solutions doivent être trouvées ensemble. En fin de compte, l'objectif de la NSS est d'avoir une vision claire de la manière dont les États-Unis doivent agir dans le monde, qui guidera l'élaboration des politiques, le contrôle des ressources et les répercussions des alliances. La NSS sert donc de boussole, guidant à travers les méandres des relations internationales tout en conciliant les positions nationales et en cherchant à apporter stabilité et prospérité dans le monde entier.

Contexte : la transformation des doctrines stratégiques américaines

L'évolution historique des paradigmes stratégiques des États-Unis est le résultat d'une combinaison de transformations géopolitiques, de développements technologiques et d'une refonte de leur approche idéologique. Son développement remonte à la naissance de la nation, lorsque les rédacteurs de la Constitution américaine se sont penchés sur les questions de sécurité nationale et de relations interétatiques. La posture stratégique des États-Unis a considérablement évolué au fil du temps, reflétant les contextes nationaux et internationaux (Sestanovich 2014).

Cependant, au lendemain de la Seconde Guerre mondiale, alors que les tensions de la guerre froide exerçaient une pression considérable sur la planification stratégique américaine, un nouveau regard sur les priorités des États-Unis allait conduire à de nouvelles façons de penser l'endiguement et la dissuasion, deux termes qui ont marqué cette époque (Brands 2022). La fin de la guerre froide a marqué un moment unipolaire pour les États-Unis, qui ont pris une position dominante sur la scène mondiale et ont adapté leurs stratégies en conséquence. Bien que l'ère post-11 septembre ait entraîné un changement de paradigme, la lutte contre le terrorisme et la sécurité intérieure sont devenues des considérations primordiales en matière de sécurité nationale. De plus, l'émergence de technologies disruptives et l'interconnexion mondiale accrue ont nécessité un réajustement périodique des cadres stratégiques américains afin de répondre efficacement à l'évolution des menaces et des opportunités (Mazarr 2019).

La doctrine Monroe, la doctrine Truman, la doctrine Nixon et la doctrine Bush sont autant d'exemples de l'évolution du monde au fil du temps et de la manière dont chaque époque a eu son propre ensemble de règles ou de politiques. La pertinence de ces épisodes déterminants et la reconfiguration de la stratégie nationale américaine montrent comment ajuster l'équilibre dans un monde en mutation confronté à de nouveaux défis. C'est en examinant les changements dans les récits stratégiques sous-jacents qui guident les États-Unis que nous pouvons acquérir une compréhension approfondie de l'interaction entre l'identité nationale, les impératifs de sécurité et le comportement international (Dueck 2006). L'ascension des États-Unis vers le mondialisme Le monde est confronté à des pressions importantes dans le domaine de la sécurité internationale, qui englobe un large éventail d'intérêts et de valeurs communs.

Architectes et penseurs de la politique stratégique américaine

Les principaux architectes et contributeurs de la politique stratégique américaine ont profondément façonné les thèmes de la sécurité nationale du pays, transformant les idées en politiques et en actions. Grâce à leurs connaissances, leur vision et leur gestion, ces hommes à la retraite ont joué un rôle central dans l'élaboration des thèmes qui sous-tendent la politique stratégique américaine. George F. Kennan, praticien et théoricien renommé, dont la conception originale de la politique d'endiguement pendant la guerre froide continue d'influencer la politique étrangère et la grande stratégie américaines (Gaddis 2005), en est un exemple. L'instinct d'éviter toute réaction excessive et l'appel de Kennan en faveur d'une réponse intelligente à long terme au défi posé par l'expansionnisme soviétique ont eu une influence intellectuelle significative sur la réflexion stratégique américaine de l'après-guerre.

Une autre personnalité influente, Kissinger, icône de la realpolitik et praticien du pragmatisme en matière de politique étrangère, a eu une profonde influence sur la grande stratégie américaine pendant son mandat de conseiller à la sécurité nationale (1969-1975) et de secrétaire d'État. Sa perspicacité géopolitique et ses initiatives diplomatiques dans des théâtres d'opérations importants tels que la Chine et l'Union soviétique restent très pertinentes pour la posture stratégique actuelle des États-Unis. Les contributions intellectuelles de ces architectes stratégiques soulignent l'influence durable d'esprits exceptionnels sur l'élaboration de la grande stratégie américaine et mettent immédiatement en évidence la dynamique complexe entre « rigueur intellectuelle, sens politique et contexte ».

Au-delà du travail de contributeurs individuels, des think tanks et des universités influents, tels que le Council on Foreign Relations, la RAND Corporation et le Belfer Center for Science and International Affairs de Harvard, ont longtemps servi de pépinières pour de nouvelles idées stratégiques sur le champ de bataille (Van Evera 1997). Ces institutions ont nourri des courants intellectuels qui ont influencé l'élaboration de la politique stratégique américaine, non seulement en enrichissant le débat, mais aussi en proposant différentes façons d'évaluer les stratégies et les tactiques. L'interaction entre les praticiens et les universitaires a créé un environnement dynamique qui a éclairé, affiné et même remis en question la stratégie américaine. L'héritage de ces architectes et des leaders d'opinion qui leur ont succédé se poursuit au XXIe siècle, servant de référence pour comprendre l'environnement stratégique mondial complexe d'aujourd'hui et nous rappelant l'importance durable d'une réflexion audacieuse dans l'élaboration de la stratégie américaine.

Le contenu de la stratégie officielle de sécurité nationale

La stratégie officielle de sécurité nationale (NSS) des États-Unis est publiée à chaque fois qu'un nouveau président entre en fonction et définit l'approche de l'administration pour garantir la sécurité nationale. Chaque partie intégrante du document stratégique façonne la position du pays dans les affaires internationales. L'un des fondements de la NSS consiste à examiner les menaces actuelles et futures de la Chine pour la sécurité nationale. Pour ce faire, il est nécessaire de procéder à un examen complet des défis géopolitiques, des avancées technologiques, des vulnérabilités économiques et des risques non traditionnels, notamment les pandémies et le changement climatique. La NSS établit les bases des actions futures et de l'allocation des ressources en définissant et en classant ces menaces.

Un autre élément indispensable de la NSS est l'expression des intérêts et des valeurs nationaux avant tout. L'articulation de ces principes sert de guide pour la prise de décisions en matière de politique étrangère et aide à concentrer les efforts de multiples agences et départements autour d'objectifs communs. La NSS évalue également les moyens de protéger les outils et instruments de sécurité nationale, notamment les ressources diplomatiques, les actions économiques, les forces militaires et les activités de renseignement. La NSS détaille également la méthodologie de l'administration en matière de partenariats et d'alliances, soulignant la nécessité de collaborer sur les questions mondiales.

Au-delà de cela, la NSS aborde les fondements économiques de la sécurité nationale, reconnaissant que même une puissance autarcique (par exemple, l'Iran) a besoin d'une économie qui fonctionne bien pour maintenir son influence géopolitique. Elle souligne les politiques en matière de commerce, d'investissement, d'innovation et de sécurité énergétique dans le cadre du programme plus large de sécurité nationale. Enfin, la NSS souligne l'importance de préserver et d'améliorer la résilience des infrastructures critiques, la défense des réseaux cybernétiques et les institutions clés dans un environnement où les menaces peuvent évoluer au fil du temps. Ces mesures impliqueraient également des actions visant à renforcer les défenses contre les cyberattaques, à protéger les chaînes d'approvisionnement critiques et à garantir le fonctionnement du gouvernement en cas de catastrophe. En synthétisant ces éléments disparates, la stratégie de sécurité nationale est conçue pour servir de modèle permettant de coordonner la prise de décision entre les différentes branches du gouvernement, tout en assurant la cohérence et l'uniformité des préoccupations et des objectifs des États-Unis sur la scène internationale.

Révéler la grande stratégie cachée : aperçu analytique

La notion de « grande stratégie cachée » retient de plus en plus l'attention des analystes du monde universitaire et des cercles politiques, qui cherchent à transcender les objectifs stratégiques plus manifestes et publiquement énoncés qui sous-tendent les politiques étrangères et de sécurité nationale des États-Unis (Dueck 2006). Un regard lucide sur cette stratégie, cette « grande stratégie » secrète, révèle un enchevêtrement complexe d'objectifs, de partenariats et de machinations qui déterminent la place des États-Unis dans le monde. L'analyse dans ce contexte implique un examen de la zone grise qui existe entre ce qui est officiellement une stratégie de sécurité nationale et ce qui peut être une politique stratégiquement secrète ou tacite élaborée par le gouvernement américain.

Pour déchiffrer cette grande stratégie discrète, il est nécessaire d'adopter une approche multidimensionnelle de l'histoire, de la bureaucratie militaire et de la géopolitique. L'examen des interventions américaines, des bases militaires, des relations diplomatiques et des relations économiques révèle un plan géopolitique tacite qui va au-delà des doctrines traditionnelles de sécurité nationale. De plus, la lecture de ce jeu caché nécessite une comparaison entre les discours officiels et les politiques factuelles ; elle reflète ainsi les aspects clandestins de la politique américaine (Yarhi-Milo 2018).

Il sera crucial pour les décideurs politiques, les stratèges et les diplomates appelés à apporter de la cohérence à notre monde de plus en plus déroutant de comprendre cette grande stratégie secrète. Elle offre des rappels qui donnent à réfléchir ainsi que des leçons pratiques pour des actions préventives, des échanges diplomatiques et des rééquilibrages stratégiques susceptibles de servir les intérêts nationaux tout en atténuant l'animosité des adversaires. De plus, la compréhension de cette grande stratégie extrêmement obscure peut permettre d'appréhender de manière plus subtile et sophistiquée l'équilibre des pouvoirs, les alliances et les fractures géopolitiques de l'ordre international contemporain. Cette étude analytique vise à mettre en lumière les mécanismes stratégiques et fonctionnels de la grande stratégie « secrète » des États-Unis, invitant ainsi les lecteurs à s'interroger sur les forces obscures qui définissent leur position mondiale.

Analyse croisée : contrastes et similitudes

Une lecture comparative de la stratégie de sécurité nationale et de sa sœur, la grande stratégie cachée, suggère des interactions complexes entre divergences et convergences (Silove 2018). La mise en œuvre des deux stratégies présente des divergences en termes de transparence et d'ouverture. Il est également nécessaire de soumettre un plan...) Ce qui est connu à l'avance ressort clairement de la concordance interne entre leurs prétentions traîtresses et le serment public et la résolution déclarée (dans d'autres cas) mentionnés précédemment. La grande stratégie cachée, en revanche, est un concept vague qui implique généralement des actions subtiles et des manœuvres diplomatiques dont l'existence réelle peut être difficile à prouver. Cette disjonction reflète le caractère complexe et parfois contradictoire de la politique stratégique américaine et soulève des questions sur la manière dont des programmes explicites qui signalent une détermination peuvent être liés à des activités plus clandestines afin de servir des objectifs stratégiques plus larges.

Cependant, nous pouvons observer certaines similitudes significatives entre les deux approches. En fin de compte, l'objectif plus large de protéger les intérêts nationaux, de maintenir la stabilité mondiale et de promouvoir l'influence américaine guide les deux ensembles de règles. Si leurs moyens et leurs processus varient, les objectifs bruts laissent entrevoir un accord essentiel sur les idées. En ce sens, l'analyse comparative est pertinente pour montrer la convergence entre les deux stratégies sur le plan géographique et thématique. Qu'il s'agisse de points chauds locaux ou d'une menace mondiale, la convergence des préoccupations suggère que Trump a une approche cohérente et unifiée de ses stratégies. Ces convergences soulignent l'interdépendance des différents aspects stratégiques et les effets de synergie découlant d'une conception complémentaire des politiques.

Enfin, un contraste qui suscite la réflexion souligne la nature complémentaire de ces approches. La conservation préventive de certaines capacités qualitatives postulées par la NSS complète et contraste avec les manœuvres discrètes complémentaires à la HGS, offrant en fin de compte une interaction synergique et compensatoire entre la stratégie intérieure et la stratégie étrangère. Une méthode pour acquérir ces connaissances consiste à comprendre et à expliquer les différences et les similitudes qui évoluent entre ces deux paradigmes stratégiques parmi les décideurs politiques et les universitaires dans le cadre complexe des calculs stratégiques américains. Cet examen facilitera le développement d'une approche équilibrée qui optimise la valeur des deux concepts et rend notre stratégie globale plus efficace et moins susceptible d'être exploitée.

Mécanismes décisionnels : de la théorie à la pratique

L'objectif de ce chapitre est d'examiner le sujet complexe de la traduction de la théorie au niveau stratégique en effets opérationnels au sein de l'édifice stratégique bipolaire américain. Des interactions complexes façonnent les processus décisionnels, notamment la dynamique géopolitique, les développements technologiques, les intérêts politiques nationaux et l'évolution des menaces mondiales. Les décideurs politiques et les généraux sur le terrain doivent adopter une approche plus nuancée de l'élaboration des politiques, en naviguant prudemment entre la stratégie de sécurité nationale et la grande stratégie secrète.

La tension entre ces deux approches et la manière dont elles se complètent est essentielle pour comprendre comment les décisions sont prises au plus haut niveau de la hiérarchie. Qu'il s'agisse de la préparation de propositions diplomatiques, de l'autorisation d'opérations militaires ou de la négociation d'accords internationaux, nous pensons que la prise de décision est structurée en fonction des priorités sous-jacentes et des compromis découlant de ces deux schémas. Les lecteurs disposent d'un contexte historique leur permettant d'analyser les points clés de la prise de décision en matière de politique étrangère américaine et l'influence permanente des choix passés sur les besoins stratégiques actuels (Sestanovich 2014).

En outre, l'étude de cas permet de tirer des enseignements utiles sur l'application des principes stratégiques et les illustre à l'aide d'exemples concrets de bonnes et de mauvaises stratégies. De la crise des missiles de Cuba à la guerre contre le terrorisme, chacun de ces cas révèle un problème épineux qui n'a pas encore été résolu, un problème auquel nous semblons résignés à être confrontés de manière récurrente sous une forme ou une autre chaque fois que notre nation doit traduire sa stratégie en action. De plus, l'examen des formes organisationnelles et des procédures institutionnelles à travers lesquelles les décisions sont prises nous permet de comprendre de manière ascendante la dynamique et les résultats bureaucratiques. En décrivant les fonctions des principaux acteurs tels que les agences exécutives, les départements de la défense, les agences de renseignement et les législateurs, cette section met en évidence la dynamique complexe qui sous-tend la prise de décision.

De plus, l'adaptabilité de la prise de décision à l'évolution de la situation internationale souligne la nécessité de faire preuve d'agilité et de prévoyance dans la planification d'un monde imprévisible. En fin de compte, pour combler le fossé entre la théorie et la pratique, il est nécessaire d'étudier sérieusement ces facteurs cognitifs, institutionnels et contextuels afin de déterminer comment ils influencent la prise de décision aux États-Unis et peuvent offrir un cadre analytique global permettant de comprendre les complexités de la mise en œuvre de la stratégie dans le terrain stratégique diversifié de l'Amérique.

Symbiose ou conflit ? Interactions entre les stratégies

La tension entre la stratégie de sécurité nationale (NSS) et les résultats de la HGS se traduit donc par une situation de relations dynamiques qui vont de la symbiose au conflit, sans se limiter à l'un ou l'autre. Au cœur de cette relation complexe se trouve la question de l'alignement : dans quelle mesure les objectifs et les moyens énoncés dans la NSS s'alignent-ils sur ceux définis par la HGS au-delà ? Sont-ils distincts ?

La répartition des ressources est un domaine où ces effets interactifs se manifestent. Alors que la NSS contient des chiffres budgétaires ou des déploiements de forces en réponse à des besoins immédiats en matière de sécurité, la HGS marque de son empreinte les investissements stratégiques et le positionnement international au fil du temps. Cette convergence nécessite un équilibre délicat entre les impératifs temporaires et les intérêts stratégiques persistants. Lorsque les deux sont en tension, des priorités conflictuelles peuvent apparaître, nécessitant un équilibre délicat entre les considérations à court terme et les objectifs à long terme (Porter 2020).

De plus, une composante temporelle complique la dynamique d'interaction. La NSS, qui se concentre sur les menaces et les urgences imminentes, fonctionne dans une perspective à court terme qui peut éclipser le cadre temporel plus long de la HGS. Un risque de conflit survient lorsque l'indignation et les réponses ad hoc aux diktats de la NSS limitent la poursuite à long terme des grands objectifs stratégiques. Il est nécessaire d'examiner les mécanismes possibles pour résoudre ces conflits et promouvoir la cohérence entre les préoccupations sécuritaires immédiates et les perspectives stratégiques à long terme.

Dans la pratique, l'interaction entre la NSS et la HGS est évidente à chaque étape de la formulation et de l'exécution de la politique de sécurité nationale. Alors que la NSS formule des stratégies pour des questions spécifiques d'actualité, la HSG établit les principes fondamentaux qui guident les actions des États-Unis dans les affaires mondiales. Il s'agit là d'un moment critique où les décisions tactiques reflètent la stratégie globale, fondée sur une base solide de principes fondamentaux, une synergie entre les actions immédiates et à long terme. L'absence d'alignement risque de semer la confusion et la discorde dans le comportement stratégique américain.

En outre, la scène internationale sert de terrain d'essai pour la compatibilité potentielle entre la NSS et la HGS. Les relations complexes entre ces deux plans stratégiques déterminent les réactions des alliés et des adversaires aux déclarations et aux actions des États-Unis. La cohérence des messages et des activités est essentielle pour présenter un front uni, renforcer le pouvoir de dissuasion et accroître l'influence d'une partie dans les relations entre les nations. Cependant, la dissonance/complémentarité peut également être synonyme de manque de clarté et d'incohérence, ce qui peut remettre en cause la crédibilité et l'influence stratégique des États-Unis.

Les interfaces entre la NSS et la HGS sont difficiles à gérer et nécessitent une diplomatie habile, une vision stratégique et la volonté non seulement de concilier les exigences de sécurité à court terme, mais aussi les grandes stratégies à long terme. Il est essentiel de parvenir à équilibrer habilement cette tension permanente si les responsables politiques veulent créer une vision stratégique cohérente et efficace qui concilie les réalités à court terme et les intérêts nationaux à long terme.

Impact sur la stabilité mondiale : implications pour les alliés et les adversaires

L'impact des deux paradigmes stratégiques américains sur la stabilité mondiale est profond et a des implications considérables tant pour les alliés que pour les adversaires. Il est essentiel de comprendre l'impact de ces mécanismes pour gérer la politique mondiale complexe du XXIe siècle. De leur côté, les alliés sont susceptibles de considérer l'équilibre - ou la tension - entre la stratégie de sécurité nationale et la grande stratégie cachée comme un élément central de leur propre calcul stratégique (Yarhi-Milo 2018). La convergence entre les objectifs stratégiques des États-Unis et leurs actions, qu'il y ait ou non un écart dû à des intentions parfaitement alignées, peut soit renforcer, soit compromettre la sécurité et les intérêts économiques de leurs alliés. En outre, la prévisibilité et la cohérence du comportement stratégique des États-Unis ont un impact direct sur la confiance que leurs alliés accordent à leur leadership, ce qui affecte la cohésion et la coopération de l'alliance.

Pour nos adversaires, une compréhension approfondie de l'interdépendance des stratégies ouvertes et secrètes est nécessaire pour anticiper et réagir aux initiatives américaines. Ces subtilités renforcent d'une part leur respect et leur anticipation des intérêts sensibles des États-Unis, et d'autre part les informent des opportunités tactiques potentielles pour sonder les divergences entre la politique déclarée des États-Unis et leur politique réelle, afin qu'ils puissent exploiter ces divergences s'ils le jugent utile et si ces différences deviennent favorables à leurs objectifs. En outre, l'écart entre les priorités américaines et les objectifs stratégiques réels, lorsqu'il est calculé, donne des résultats liés aux guerres régionales, aux courses à l'armement et aux conflits idéologiques. La convergence ou la divergence des deux stratégies se répercute sur le système international, influençant les équilibres de pouvoir et les conflits et créant des opportunités pour le règlement pacifique des différends.

Les implications des positions non déclarées - et déclarées - des États-Unis concernant le multilatéralisme général, la mondialisation et l'intégration régionale sont importantes et ne doivent pas être négligées. Comprendre les implications des stratégies dualistes des États-Unis pour la stabilité mondiale ouvre des possibilités d'engagement constructif, de réduction des risques et de développement de structures de sécurité coopératives. Apprécier la relation complexe entre la NSS et la HGS enrichit notre compréhension de ce réseau élaboré de conséquences, en mettant en évidence les enjeux de chacune et les voies respectives qui, en fin de compte, distillent la stabilité mondiale pour tous ceux qui participent à la politique mondiale.

La voie à suivre : synthèse des stratégies et enculturation d'une vision nationale unifiée

En conclusion, il est essentiel de relier la stratégie de sécurité nationale à la notion de grande stratégie cachée afin de construire un sens cohérent de l'objectif national aux États-Unis (Silove 2018). Les conséquences de ces stratégies liées pour la stabilité mondiale soulignent la nécessité de développer une approche plus globale et cohérente qui équilibre les impératifs nationaux et les préoccupations internationales. Une telle approche intégrée nécessite une combinaison cohérente des objectifs politiques, de la répartition des ressources et des processus décisionnels, de la sécurité nationale aux grandes initiatives stratégiques.

Une vision commune ne peut être atteinte sans la participation de multiples parties prenantes telles que les politiciens, les militaires, les agents de renseignement, les diplomates et la société civile. Il est nécessaire de comprendre l'interaction entre les mécanismes conventionnels centrés sur l'État et les nouveaux défis non étatiques (par exemple, la cybersécurité, le terrorisme transnational et le changement climatique), qui peuvent ne pas nécessiter une approche traditionnelle ou exclusive (Mazarr 2019). Une fusion proactive de la stratégie de sécurité nationale et de la grande stratégie cachée peut améliorer la capacité des États-Unis à naviguer dans les courants changeants de la politique mondiale et garantir leur résilience et leur efficacité à l'échelle mondiale.

Ce paradigme intégratif tient compte de l'équilibre entre les exigences à court terme et les besoins d'une stratégie à long terme, de notre agilité institutionnelle ainsi que de nos intérêts nationaux fondamentaux, et de notre agilité stratégique pour faire face à des dilemmes complexes en matière de sécurité. De plus, une approche globale favorise la cohérence des messages et des comportements, donnant ainsi à nos alliés comme à nos adversaires l'image claire d'un acteur unifié et crédible. Ce faisant, les États-Unis fourniront non seulement un cadre global qui intègre la NSS et la grande stratégie cachée dans un objectif national plus cohérent, mais réaliseront également leur potentiel en tant que primus inter pares dans la formation de l'ordre mondial émergent, le maintien de la paix et de la stabilité mondiales et la promotion des valeurs et normes universelles. Cette conclusion souligne la nécessité de mécanismes bien pensés et flexibles favorisant l'alignement de courants stratégiques disparates et le développement d'une position nationale forte face à la dynamique géopolitique changeante qui prévaut actuellement.

***

Biddle, Stephen. 2004. *Military Power: Explaining Victory and Defeat in Modern Battle*. Princeton, NJ : Princeton University Press.

Brands, Hal. 2022. *The Twilight Struggle: What the Cold War Teaches Us about Great-Power Rivalry Today*. New Haven, CT : Yale University Press.

Dueck, Colin. 2006. *Reluctant Crusaders: Power, Culture, and Change in American Grand Strategy*. Princeton, NJ : Princeton University Press.

Gaddis, John Lewis. 2005. *Stratégies d'endiguement : une évaluation critique de la politique américaine de sécurité nationale pendant la guerre froide*. Édition révisée et augmentée. New York : Oxford University Press.

Mazarr, Michael J. 2019. *The Folly of Arms Control: Why Peace Requires a New Strategy*. New York : PublicAffairs.

Porter, Patrick. 2020. *La fausse promesse de l'ordre libéral : nostalgie, illusion et ascension de Trump*. Cambridge : Polity Press.

Sestanovich, Stephen. 2014. *Maximaliste : l'Amérique dans le monde, de Truman à Obama*. New York : Alfred A. Knopf.

Silove, Nina. 2018. « Au-delà du mot à la mode : les trois significations de la « grande stratégie ». *Security Studies* 27 (1) : 27-57.

Van Evera, Stephen. 1997. Guide des méthodes pour les étudiants en sciences politiques. Ithaca, NY : Cornell University Press.

Yarhi-Milo, Keren. 2018. *Who Fights for Reputation: The Psychology of Leaders in International Conflict*. Princeton, NJ : Princeton University Press.

3
Étude de cas I : Ukraine-Russie

Le conflit ukrainien et le calcul stratégique de Washington

Contexte historique : les origines du conflit ukrainien et ses premières phases

Les racines du conflit ukrainien Les racines du conflit armé en Ukraine sont profondes et imprégnées de siècles de machinations historiques, géopolitiques et ethniques. Ses liens historiques avec la Russie et les autres États européens ont en grande partie défini son identité et son développement politique. La dissolution de l'Union soviétique en 1991 a marqué un tournant décisif pour l'Ukraine, qui a commencé à affirmer sa souveraineté et a mis à profit cette nouvelle indépendance pour se forger une identité sur la scène internationale. Cependant, les vestiges persistants de l'influence soviétique et des relations économiques ont continué à influencer la politique intérieure et la politique étrangère de l'Ukraine. La situation géostratégique de l'Ukraine, entre l'Europe et la Russie, a vu son importance géopolitique s'accroître, attirant plusieurs puissances régionales et mondiales qui y ont des intérêts concurrents (Brands 2022).

Il est impossible de comprendre la position passée de l'Ukraine sans reconnaître ses divisions culturelles et linguistiques internes, en particulier entre l'ouest ukrainophone et l'est et le sud russophones. Cette division, associée à des récits historiques opposés et à des aspirations sociales divergentes, a rendu difficiles la gouvernance et l'unité nationale. Au début du conflit, de nombreux changements et bouleversements politiques ont eu lieu, tels que l'annexion de la Crimée par la Russie en 2014 et les vagues de manifestations qui se sont transformées en protestations, comme lors des manifestations de l'Euromaïdan et de la révolution orange. Elles ont été déclenchées par une frustration généralisée face à la corruption, à la gouvernance et à la position géopolitique de l'Ukraine, conduisant au renversement des dirigeants pro-russes en faveur de liens plus étroits avec l'Union européenne. L'annexion de la Crimée par la Russie en 2014 et l'émergence de mouvements séparatistes dans l'est de l'Ukraine n'ont fait qu'exacerber les tensions, entraînant une guerre par procuration qui a eu des répercussions dans le monde entier. Ainsi, le contexte de la guerre en Ukraine brosse un tableau complexe d'identité et d'ambition, de pouvoir et de résistance, offrant un cadre à la fois local, régional et international qui continue de façonner son évolution.

Intérêts : objectifs et motivations des États-Unis dans la région

L'intérêt des États-Unis pour la crise ukrainienne repose sur une série d'intérêts et d'objectifs stratégiques qui s'inscrivent dans leur agenda géostratégique plus large. Les principaux objectifs des États-Unis consistent également à soutenir l'ordre et les normes internationaux, en particulier ceux qui concernent l'intégrité territoriale et la souveraineté. En défendant ainsi un ordre mondial fondé sur des règles, les États-Unis cherchent à éviter les modifications unilatérales des frontières et à décourager le recours à la force pour obtenir des gains territoriaux (Porter 2020). Cela est conforme à l'objectif final de promotion de la stabilité et de la sécurité dans la zone euro-atlantique par la protection des intérêts des États-Unis et de leurs partenaires de coalition.

En outre, les États-Unis souhaitent contrebalancer l'influence russe en Europe de l'Est, ce qu'ils considèrent comme un impératif stratégique important. En défendant l'Ukraine, les États-Unis visent à réduire la capacité de Moscou à contrôler ses voisins et à limiter la liberté de ces pays de choisir leurs propres relations politiques et formes de gouvernement. Les États-Unis ont également des intérêts économiques dans la région, notamment en matière de commerce et d'investissement, de diversification énergétique et de réduction de leur dépendance vis-à-vis des ressources russes. Au-delà de leurs intérêts purement matériels, les États-Unis continuent de s'investir dans la promotion des valeurs démocratiques et de la bonne gouvernance en Ukraine, qu'ils considèrent comme un partenaire stratégique et un bastion de la résistance contre l'autoritarisme (Dueck 2006). Le renforcement de la protection et de la promotion des droits de l'homme, ainsi que le soutien aux organisations de la société civile, témoignent également de l'engagement des États-Unis en faveur des libertés universelles et des valeurs démocratiques. Parallèlement, le chevauchement de ces différents intérêts souligne le caractère facétieux de l'implication des États-Unis dans le conflit ukrainien et la complicité encore plus complexe entre les facteurs géopolitiques, économiques et idéologiques.

Initiatives diplomatiques : entretenir de bonnes relations avec les alliés européens et l'OTAN

La crise ukrainienne a été une expérience qui a donné à réfléchir aux États-Unis sur le rôle soutenu par l'Europe et son alliance de sécurité avec l'OTAN. Au fur et à mesure que la crise se développait, il est devenu de plus en plus important pour les États-Unis d'obtenir de leurs partenaires européens une réponse cohérente et résolue, reflétant leur rôle dans la promotion de la sécurité et de la stabilité régionales. Cette section examine les actions diplomatiques stratégiques menées par l'administration américaine pour solliciter le soutien, renforcer les alliances et coopérer dans la réponse aux implications de ce conflit.

Lorsque la crise a éclaté, Washington a redoublé d'efforts diplomatiques auprès des principaux dirigeants européens et des responsables de l'OTAN afin de souligner que nous avons un intérêt commun à défendre les normes internationales et un ordre fondé sur des règles. Ces efforts ont également été déployés afin de parvenir à un consensus sur la gravité de la situation et de souligner la nécessité d'une action commune pour prévenir toute nouvelle agression, afin d'adopter une position collective contre les actions déstabilisatrices d'acteurs extérieurs. En outre, les États-Unis ont utilisé leur influence au sein de l'OTAN pour promouvoir une réponse coordonnée à la crise ukrainienne sur la base de la mission de coopération régionale en matière de sécurité et de défense de l'OTAN (Sestanovich 2014).

En facilitant les contacts diplomatiques, les États-Unis se sont efforcés de mobiliser les attitudes et les ressources de l'Europe et de l'OTAN et de coordonner les réponses politiques afin de renforcer la capacité de réaction de l'Ukraine tout en minimisant les risques d'effets d'entraînement. Les efforts diplomatiques ont également été renforcés par des consultations, des dialogues stratégiques et des sommets de haut niveau visant à accroître la coopération dans les domaines diplomatique, économique et sécuritaire. Ces activités ont réaffirmé l'engagement de l'Alliance en faveur de la sécurité européenne et ont permis à la fois d'élaborer une approche commune, la plus à même de dissuader les actions déstabilisatrices, et de renforcer la position de principe de la communauté internationale. Au cours de cette partie d'échecs diplomatique, les États-Unis ont utilisé toute une série d'outils, combinant négociations habiles, persuasion positive et création consciente de coalitions, afin de préserver leur propre unité et de multiplier leur influence collective pendant la crise. Grâce à son interaction avec ses partenaires européens et l'OTAN, les États-Unis ont cherché à élaborer une réponse forte et unifiée qui témoignait de leur détermination, renforçait la confiance, envoyait un message clair de dissuasion et soulignait l'importance de l'unité diplomatique pour assurer la stabilité dans une région vitale pour la sécurité des alliés.

Mesures économiques : sanctions, aide et levier financier

Dans le contexte géopolitique complexe de la crise ukrainienne, les politiques économiques sont devenues des outils essentiels pour orienter et renforcer le calcul stratégique de Washington. Le recours aux sanctions, à l'aide ciblée et à la pression financière a été déterminant pour montrer l'engagement envers la cause, exercer une pression là où il le fallait et avertir les autres acteurs des représailles auxquelles ils pourraient être confrontés. En combinant diplomatie et pression économique, les États-Unis ont tenté de gérer le conflit et d'empêcher la région dans son ensemble de se désagréger.

Les sanctions, dont la portée a été soigneusement définie afin d'affecter des secteurs critiques de l'économie russe, rappellent à la communauté internationale qu'elle ne tolère pas ce type d'actions déstabilisatrices et de violations de la souveraineté. Cette sanction illustre la volonté collective, augmente le coût de l'agression et discrédite la logique économique des comportements hostiles. Dans le même temps, l'aide stratégique axée sur le soutien à la résilience des États en première ligne et le renforcement des pratiques démocratiques crée une solidarité et une endurance face aux pressions extérieures. Ce type d'aide n'est pas seulement une aide pratique, mais une aide qui démontre que nous partageons les mêmes valeurs et croyons aux mêmes principes.

En utilisant les instruments financiers et l'interdépendance, en particulier les interactions liées à l'énergie, comme levier, les États-Unis ont cherché à rééquilibrer les calculs risques-récompenses pour toutes les parties, afin de dissuader les mauvais comportements tout en encourageant une forme d'engagement plus saine. En outre, les instruments économiques du pouvoir ont été orchestrés dans le cadre d'une stratégie globale qui combine des facteurs économiques, politiques et sécuritaires afin de mettre en place une dissuasion durable et de résoudre les conflits. Il est toutefois important de reconnaître que l'utilisation d'outils économiques est un acte précaire, avec des conséquences imprévues et des réalités humanitaires qui exigent un ajustement des politiques (Yarhi-Milo 2018). La nécessité de faire preuve de précision et de prudence dans l'utilisation des outils économiques à des fins stratégiques reflète une conscience aiguë du danger des effets d'entraînement et des conséquences imprévues. Et c'est ici, dans la vision stratégique de la stabilité et de la croissance économiques intérieures américaines qui sous-tendent notre arsenal florissant d'innovations politiques mondiales, que nous devons trouver l'espace nécessaire à une action économique sensée, plutôt que de nous contenter de mesures tactiques à objectif à court terme.

Soutien à l'armée : aide, formation et équipement pour renforcer la défense

Dans le cas de l'Ukraine, l'aide militaire a pris une place cruciale dans les calculs stratégiques de Washington. Les États-Unis, aux côtés de leurs partenaires européens, ont soutenu l'Ukraine par le biais d'initiatives d'aide, de formation et de sécurité dans le but de renforcer les forces armées ukrainiennes. Cet effort multiforme vise à renforcer la capacité de l'Ukraine à défendre sa souveraineté et à dissuader l'agression russe, ainsi qu'à promouvoir la stabilité dans la région.

L'aide militaire prend la forme d'un soutien général, d'une assistance non létale, etc., qui comprend tout, des conseils et des équipements défensifs à l'enseignement de meilleures tactiques concernant l'efficacité des unités. La fourniture d'armements et de matériel sophistiqués ainsi que de technologies antichars de pointe constitue une preuve supplémentaire de notre soutien aux efforts de renforcement des capacités de défense de l'Ukraine, ainsi qu'un investissement important dans des réformes de sécurité plus larges. (Biddle 2004). La formation spécialisée conçue pour répondre aux besoins de l'armée ukrainienne vise également à renforcer le professionnalisme, l'efficacité tactique et la coopération avec les unités alliées. En rehaussant le niveau général de préparation au combat, ces efforts servent à dissuader les adversaires potentiels tout en renforçant davantage la défense de l'Ukraine.

En outre, ces mesures de défense coopérative comprennent des exercices d'entraînement conjoints, des dialogues stratégiques et le renforcement des capacités afin d'améliorer la résilience et la préparation des institutions de défense ukrainiennes. Ces efforts combinés permettent non seulement d'accroître les capacités militaires, mais aussi de renforcer les partenariats à long terme et la cohésion au sein de la structure de sécurité transatlantique. La guerre du nouveau millénaire s'étendant de plus en plus à des domaines non traditionnels, où il faut lutter contre des menaces cybernétiques et hybrides, les formations spécifiques et les services de conseil destinés à relever ces défis ont fait l'objet d'une attention particulière. En mettant l'accent sur les capacités militaires traditionnelles, la cyberdéfense et la guerre asymétrique, ces initiatives traduisent un effort de défense global visant à renforcer la capacité de l'Ukraine à relever toute une série de défis en matière de sécurité. En fin de compte, dans un contexte de concurrence géopolitique, l'aide militaire internationale continue des États-Unis et de leurs partenaires repose sur une détermination sans faille à maintenir les normes, à renforcer la défense collective et à affronter les dures réalités du conflit ukrainien.

Renseignement et cyberopérations : espionnage, surveillance et combat non létal

De nos jours, les opérations de renseignement et cyberopérations jouent un rôle important dans la conduite de la guerre. L'espionnage et la surveillance peuvent jouer un rôle indispensable dans l'acquisition de renseignements exploitables, notamment sur les capacités, les intentions et les vulnérabilités de l'adversaire. Les nations recueillent ce type d'informations par des moyens clandestins, notamment le SIGINT (renseignement d'origine électromagnétique), le HUMINT (renseignement d'origine humaine) et la reconnaissance, afin d'orienter leurs décisions stratégiques.

Le cyberespace est également devenu un domaine crucial pour les efforts offensifs et défensifs. La donne a changé avec les cyberattaques commanditées par des États, les infiltrations secrètes dans les réseaux ennemis et les logiciels malveillants sophistiqués. Ces champs de bataille virtuels dépassent les frontières géographiques conventionnelles et posent des problèmes inhabituels aux puissances mondiales. L'utilisation d'outils cybernétiques comme moyens d'espionnage, de sabotage et d'influence rend indispensable la mise en place de défenses solides en matière de cybersécurité et nécessite une réponse vigoureuse de la part des services de contre-espionnage (Mazarr 2019).

Compte tenu de ces nouvelles menaces, la demande en technologies de défense et d'évaluation des menaces s'est accrue au sein des organisations gouvernementales et militaires. La fusion de l'IA et du ML a encore renforcé les capacités dont disposent les agences de renseignement grâce à leurs divisions cybernétiques. L'avènement de la technologie a ouvert de nouvelles perspectives, mais l'éthique contemporaine en matière de renseignement et de cybernétique est complexe. Les impératifs de sécurité nationale, les droits à la vie privée et les normes internationales continuent de dicter les termes du débat dans ce domaine.

La montée des campagnes de désinformation, des fausses nouvelles et des ingérences cybernétiques coordonnées montre à quel point les opérations narratives et psychologiques sont puissantes. En conséquence, la gestion du discours public, la diffusion d'informations et la lutte contre les discours adverses sont devenues des éléments fondamentaux de la haute politique. La capacité d'influencer en tirant parti des plateformes numériques, l'utilisation des réseaux sociaux et le contrôle des systèmes d'information ont créé de nouvelles bases pour la concurrence stratégique. Ce qui ressort clairement, c'est que les opérations de renseignement et les cyberopérations ont évolué au-delà de la guerre cinétique classique pour poser des problèmes complexes auxquels nous devons trouver des solutions tout aussi avancées en matière de technologie, d'analyse et d'éthique.

Propagande et stratégies médiatiques : guerre de l'information et contrôle du discours

Dans la nouvelle géopolitique actuelle qui oppose « nous » à « eux », la propagande est probablement l'arme de guerre la plus sous-estimée en matière de politique étrangère. Depuis le conflit ukrainien, la guerre de l'information et le contrôle du discours ont donc été étudiés en détail en raison de leur influence significative sur le déroulement des événements et les réactions à travers le monde. Cette section examine la pluralité des stratégies de propagande et d'information déployées par plusieurs parties impliquées dans cette guerre, reflétant leurs relations avec les sphères politiques existantes et la nouvelle art de gouverner.

Dans ce contexte, il est essentiel d'examiner dans quelle mesure ces stratégies recoupent le domaine en pleine évolution de la communication numérique, les normes des médias sociaux et la diffusion de la désinformation. À travers une analyse des programmes et des stratégies utilisés pour diffuser certains récits ou des images déformées de la réalité, cette étude examinera dans quelle mesure la guerre de l'information a réussi à façonner les opinions sur l'Ukraine au niveau national et international (Yarhi-Milo 2018). De plus, l'examen de l'éthique de la propagande et des stratégies médiatiques peut mettre en évidence la frontière ténue entre l'utilisation d'une communication persuasive et l'exploitation du discours public au service d'objectifs géopolitiques.

Opérations d'information et manipulation médiatique soutenues par l'État Bateaux sur l'eau Au fil de cette section, essayez de comprendre comment la propagande, les cyberopérations et la manipulation médiatique s'articulent entre elles ; leur interrelation brosse un tableau des opérations d'influence dans la guerre de l'information moderne. En outre, les discussions présentées dans cette édition visent à souligner l'importance cruciale de contre-mesures efficaces, d'une infrastructure de communication stratégique et d'une coopération internationale pour répondre aux campagnes de désinformation et à la diffusion de propagande. En fin de compte, l'étude présentée dans cette section vise à faire la lumière sur le fonctionnement des stratégies de propagande et des médias, mais aussi à les appliquer au-delà du conflit ukrainien dans le cadre d'un modèle global concernant la politique asymétrique et le rôle de l'information dans l'influence des perceptions mondiales.

Défis et critiques : trouver le juste équilibre entre escalade et diplomatie

La recherche de cette ligne de démarcation entre l'escalade et la diplomatie en réponse à l'Ukraine est une tâche complexe et un sujet d'enquête critique. L'équilibre entre l'agressivité internationale et les menaces militaires d'une part, et la retenue stratégique d'autre part, oblige à prendre en compte un mélange subtil de différents facteurs de politique intérieure et étrangère, avec un jugement habile ou un jeu tactique. En outre, le spectre des conséquences imprévues et de l'escalade inattendue est omniprésent et nécessite une approche délicate. L'interaction entre la politique de la corde raide militaire, la coercition économique et la guerre de l'information complique la tâche de gestion de cette demi-guerre.

La nécessité de dissuader cette agression tout en évitant une guerre totale exige un calcul qui tienne compte du risque de dépassement et d'erreur de calcul. Dans le même temps, une diplomatie agressive visant à rétablir la paix comporte ses propres difficultés et suscite des critiques. Des doutes persistent quant au potentiel de la diplomatie dans un contexte de rivalités géopolitiques profondément enracinées et d'un monde en constante évolution. De plus, la tendance à interpréter la diplomatie comme une faiblesse ou une capitulation de la part des parties hostiles illustre à quel point il est délicat de trouver un équilibre pour promouvoir des négociations pacifiques (Van Evera 1997). Les intérêts et les priorités des parties concernées ajoutent une autre couche de complexité, car les objectifs varient selon les groupes et les griefs passés empêchent souvent toute discussion ou tout règlement significatif.

Les implications de la guerre hybride rendent encore plus complexes l'escalade et la diplomatie. Le mélange de stratégies militaires traditionnelles et de stratégies asymétriques non traditionnelles brouille davantage la frontière entre conflit conventionnel et paix. Pour faire face à cette menace hybride et y répondre de manière cohérente et résiliente, il faut également faire preuve d'une flexibilité qui dépasse les modèles traditionnels. Pourtant, les détracteurs affirment que lorsque la realpolitik est le moteur de la réponse et de la résolution du conflit ukrainien, la diplomatie devient une farce sans inclusivité ni durabilité. En outre, on peut s'interroger sur le moment où les actions stratégiques vont à l'encontre des impératifs éthiques et humanitaires, en particulier lorsque l'on considère la dimension humaine de ces conflits prolongés. Le monde diplomatique mérite également d'être examiné de près en termes de transparence, de responsabilité et d'équité dans le partage des tâches entre les acteurs internationaux.

En substance, il existe de nombreux obstacles et détracteurs à surmonter dans le labyrinthe tortueux de la gestion de l'escalade par opposition à la diplomatie, qui exige de la perspicacité, de la sagesse et une détermination sans faille visant à protéger des priorités stratégiques plus larges. Pour relever efficacement ces défis, il faut faire preuve d'un réalisme et d'un idéalisme pragmatiques, fondés sur un engagement fort en faveur de la stabilité régionale et de la sécurité mondiale. C'est dans ce contexte complexe que les ressources de la diplomatie américaine sont mises à l'épreuve face à l'adversité et à la nécessité de faire preuve de discernement et de détermination, tant dans la conduite de la politique que dans une série de réponses pragmatiques.

Analyse d'impact : gains à court terme contre stabilité régionale à long terme

La crise ukrainienne et son influence sur la stabilité régionale et la politique mondiale est un sujet complexe qui doit être analysé. À court terme, la guerre a eu une série de conséquences positives et négatives. Les sanctions et les efforts diplomatiques des États-Unis et de leurs alliés ont considérablement contribué à affaiblir l'économie et la position mondiale de la Russie, démontrant ainsi qu'une action internationale concertée en réponse à des initiatives géopolitiques agressives peut réellement fonctionner. Cependant, cette approche a également aggravé la géopolitique régionale et polarisé davantage les relations internationales et le dilemme sécuritaire dans la région. De plus, la militarisation du conflit augmente les risques d'escalade involontaire et d'erreurs d'appréciation qui pourraient affecter la sécurité mondiale.

Mais tout aussi importants, et peut-être même plus à long terme, seraient les effets durables du conflit sur la stabilité régionale. Outre la chute de la confiance et des relations avec les grandes puissances, la normalisation de l'annexion comme instrument de politique étrangère, ainsi que le déclin général du respect des normes et des institutions internationales, constituent tous des défis majeurs pour l'équilibre régional des pouvoirs en Eurasie (Gaddis 2005). Les clivages politiques, militaires et économiques qui se sont creusés ont laissé des blessures qui ne pourront guérir qu'au terme d'une longue période d'efforts diplomatiques soutenus par des stratégies de réengagement. Les effets du conflit sur l'architecture de sécurité de l'Europe de l'Est et de l'espace post-soviétique sont également profonds, avec des implications possibles pour la sécurité énergétique, l'expansion de l'OTAN et la viabilité des efforts de non-prolifération.

En conclusion, les implications de la guerre en Ukraine doivent être soigneusement évaluées dans une perspective plus large qui dépasse les gains et les pertes à court terme pour s'intéresser aux effets durables sur la sécurité mondiale, la stabilité régionale et l'orientation future des relations internationales.

Effets tactiques : évaluation des succès et implications futures

Même si nous examinons les effets stratégiques de la participation des États-Unis en Ukraine, il est toutefois judicieux de replacer les victoires immédiates dans un contexte plus large de stabilité régionale et de renforcement mondial. Pour déterminer si ces efforts ont été couronnés de succès, il est important de mesurer les avantages concrets des réponses diplomatiques et militaires, telles que la résilience renforcée de l'Ukraine face à l'agression russe et l'unité transatlantique dans la lutte contre l'expansionnisme du Kremlin. De même, l'impact considérable de la guerre de l'information et des méthodes de propagande doit être pris en compte lors de l'évaluation des victoires tactiques.

Il est toutefois tout aussi important de reconnaître les conséquences à long terme de l'action américaine en Ukraine. La présence persistante d'armements militaires dans la région et la géopolitisation continue de celle-ci restent des défis pour une stabilité durable et un règlement pacifique. Les sanctions économiques et leur impact sur le marché européen de l'énergie ont des répercussions importantes, notamment en ce qui concerne la viabilité de la coopération transatlantique.

Il convient plutôt d'analyser plus attentivement les conséquences à long terme des actions des États-Unis en Ukraine. La durabilité de la dissuasion, la possibilité d'une diplomatie significative pour résoudre le conflit et des questions plus larges concernant les relations entre les États-Unis et la Russie se posent (Silove 2018). De plus, avec l'avènement des nouvelles technologies, l'importance des cyberopérations et de la guerre de l'information dans l'architecture de sécurité mondiale ne doit pas être sous-estimée.

Pour apprécier les implications stratégiques de l'implication américaine dans les troubles ukrainiens, il faut être capable de voir au-delà des gains à court terme et de prendre en compte les effets à long terme. Cette évaluation ne contribuera pas seulement à façonner la politique future, elle permettra également de mieux comprendre la complexité des relations entre le pouvoir, la diplomatie et la géopolitique au XXIe siècle.

***

Biddle, Stephen. 2004. *Military Power: Explaining Victory and Defeat in Modern Battle*. Princeton, NJ : Princeton University Press.

Brands, Hal. 2022. *The Twilight Struggle: What the Cold War Teaches Us about Great-Power Rivalry Today*. New Haven, CT : Yale University Press.

Dueck, Colin. 2006. *Reluctant Crusaders: Power, Culture, and Change in American Grand Strategy*. Princeton, NJ : Princeton University Press.

Gaddis, John Lewis. 2005. *Stratégies d'endiguement : une évaluation critique de la politique américaine de sécurité nationale pendant la guerre froide*. Édition révisée et augmentée. New York : Oxford University Press.

Mazarr, Michael J. 2019. La folie du contrôle des armements : pourquoi la paix nécessite une nouvelle stratégie. New York : PublicAffairs.

Porter, Patrick. 2020. *La fausse promesse de l'ordre libéral : nostalgie, illusion et ascension de Trump*. Cambridge : Polity Press.

Sestanovich, Stephen. 2014. *Maximaliste : l'Amérique dans le monde, de Truman à Obama*. New York : Alfred A. Knopf.

Silove, Nina. 2018. « Au-delà du mot à la mode : les trois significations de la « grande stratégie ». *Security Studies* 27 (1) : 27-57.

Van Evera, Stephen. 1997. Guide des méthodes pour les étudiants en sciences politiques. Ithaca, NY : Cornell University

Press.

Yarhi-Milo, Keren. 2018. *Who Fights for Reputation: The Psychology of Leaders in International Conflict*. Princeton, NJ : Princeton University Press.

4
Permettre à Kiev

Soutien américain, dynamique de l'alliance et fardeau européen

Histoire et origines de l'implication des États-Unis

Les jeux de pouvoir mondiaux, la géopolitique régionale et les liens historiques tissent une toile complexe qui sert de toile de fond à l'intervention américaine en Ukraine. L'intérêt américain pour l'Ukraine a commencé avec l'effondrement de l'Union soviétique et la naissance d'une Ukraine indépendante en 1991. Étant l'une des plus grandes et des plus importantes anciennes républiques soviétiques, l'importance géopolitique de l'Ukraine était évidente pour les grandes puissances mondiales, en particulier les États-Unis. La géopolitique de l'Ukraine a une histoire et une culture qui lui sont propres. Tout au long de son histoire, l'Ukraine a été un carrefour culturel où de nombreux peuples, empires et civilisations ont vécu ou l'ont envahie. L'aide à l'Ukraine est en fin de compte une cause qui vise à aider le peuple ukrainien à réaliser ses aspirations à la démocratie, à la souveraineté et à l'indépendance.

La révolution orange de 2004, qui a vu un transfert pacifique du pouvoir et promis des réformes démocratiques, a renforcé l'idée que l'Ukraine était une nation aux valeurs occidentales (Dueck 2006). Les États-Unis ont également des liens historiques et culturels profonds avec l'Ukraine, en particulier avec la diaspora ukrainienne, ce qui a nourri un sentiment d'attachement émotionnel. Ces liens ont eu une incidence significative sur la politique américaine à l'égard de l'Ukraine, apportant un soutien vigoureux à l'indépendance et à l'autonomie du pays à plusieurs niveaux du gouvernement. En outre, les impératifs stratégiques visant à promouvoir la stabilité et la sécurité en Europe (afin d'empêcher le retour des sphères d'influence hégémoniques) ont accentué le soutien des États-Unis à l'Ukraine.

Au fur et à mesure que l'architecture de sécurité européenne de l'après-guerre froide se développait, la situation géopolitique de l'Ukraine est devenue de plus en plus cruciale pour définir l'équilibre des pouvoirs dans la région et établir un ordre régional (Brands 2022). En conséquence, le contexte historique et les origines de la politique américaine en Ukraine représentent une intersection entre des forces géopolitiques, historiques et normatives qui ont contribué à façonner toute une gamme d'interactions non seulement outre-Atlantique, mais aussi sur la scène mondiale.

Moyens et fins : principes de dissuasion et de diplomatie

Avec l'évolution de l'environnement géopolitique en Europe de l'Est, les États-Unis ont dû adopter une approche mixte en ce qui concerne leurs intérêts stratégiques dans la région. « Notre tâche principale est de ne pas être ni faibles ni imprudents, ce qui est difficile », affirme-t-on, car « le scénario en Ukraine comporte deux degrés de difficulté : il y a la guerre elle-même, puis ses implications régionales ». Au cœur de cette nécessité stratégique se trouvent les attaques russes, leur expansion territoriale et la pression qu'elles exercent pour parvenir à une résolution pacifique. Cette dualité souligne les difficultés qui entourent les intérêts américains dans la région et la nécessité d'une approche calibrée qui équilibre l'assurance et la prudence.

Dissuasion : maintenir la puissance militaire ukrainienne afin de préserver les capacités et l'état de préparation de l'Ukraine.

Cet aspect n'implique pas seulement la fourniture d'armes et d'équipements sophistiqués, mais aussi l'accès à une formation approfondie et à un soutien tactique qui correspondent aux capacités défensives de l'Ukraine (Biddle 2004). Et par dissuasion, j'entends non seulement faire comprendre à Poutine notre engagement sérieux en faveur de la sécurité de l'Ukraine, mais aussi, de manière plus générale, le fait que nous continuons à attacher de l'importance au droit international et à la souveraineté territoriale. Dans le même temps, la diplomatie vise à engager un dialogue sérieux avec tous les acteurs, y compris la Russie, afin d'identifier les moyens de désamorcer la crise et de trouver une solution pacifique. Il faudra faire preuve d'habileté diplomatique, utiliser les forums multilatéraux et rallier les alliés et les partenaires afin d'exercer une pression diplomatique sur Moscou. Cela implique également un engagement continu auprès des dirigeants (à Kiev) afin de soutenir les réformes politiques et institutionnelles, qui sont en fin de compte le garant d'une stabilité et d'une résilience à long terme. Le défi consiste à faire en sorte que ces deux approches se renforcent mutuellement, créant ainsi une position stratégique solide et efficace. Une combinaison pragmatique de dissuasion et de diplomatie nécessitera des choix politiques judicieux, des signaux clairs et une détermination à maintenir la sécurité collective régionale. Les États-Unis cherchent à concilier des objectifs apparemment contradictoires afin de promouvoir leurs intérêts européens au sens large.

Assistance militaire : armes, formation et soutien tactique

L'aide militaire fournie à l'Ukraine semble avoir joué un rôle clé dans la stratégie des États-Unis dans la région et reflète leur volonté de soutenir l'armée ukrainienne dans sa capacité d'autoprotection. En fournissant des armes sophistiquées, notamment des missiles antichars et des radars de contre-artillerie, ainsi que d'autres systèmes défensifs, les États-Unis créent les conditions permettant à l'Ukraine de riposter efficacement non seulement contre les troupes régulières russes, mais aussi contre les séparatistes soutenus par la Russie. Cette aide comprend également des programmes de formation très complets visant à améliorer la préparation et les compétences des soldats ukrainiens, en leur apportant toutes les connaissances nécessaires pour utiliser cet équipement et évoluer dans des environnements de combat complexes. Au-delà de l'équipement et de la formation, les États-Unis fournissent un soutien tactique aux forces ukrainiennes, en collaborant étroitement avec elles pour analyser l'évolution des conditions de sécurité et élaborer des plans opérationnels en conséquence.

Cette coopération comprend le partage d'informations, des activités conjointes de formation ou de planification, ainsi qu'une assistance consultative visant à garantir l'utilisation efficace de l'aide militaire à l'appui de la stratégie de défense globale et à promouvoir une plus grande compatibilité entre les forces ukrainiennes et celles des autres alliés. En outre, les aspects techniques et physiques de l'aide sont absolument essentiels ; sans la formation nécessaire au renforcement des capacités techniques, à la maintenance, à la réparation et au soutien logistique, le matériel détruit peut facilement devenir des déchets sans aucune valeur.

La création de chaînes d'approvisionnement solides, ainsi que l'aide à la modernisation des équipements, témoignent du sérieux et de l'intensité de l'engagement des États-Unis à renforcer les capacités de défense de l'Ukraine, garantissant ainsi sa résistance aux pressions extérieures et sa préparation aux hostilités. Fondamentalement, le programme d'aide militaire reflète la politique multiforme adoptée par les États-Unis pour renforcer les capacités de défense de l'Ukraine, en mettant l'accent sur la synchronisation d'un soutien substantiel, le renforcement des capacités et la coopération stratégique. La priorité accordée par les États-Unis à la création d'une armée ukrainienne forte et autonome sert l'objectif plus large de renforcer la stabilité en Europe, y compris la dissuasion collective, en envoyant un message sans équivoque de détermination et d'unité de l'alliance dans un environnement géopolitique très incertain marqué par des provocations stratégiques hostiles.

Cohérence de l'alliance : la dynamique de l'OTAN sur le théâtre ukrainien

Le rôle de l'OTAN en Ukraine est un aspect important du contexte géopolitique plus large et démontre sa capacité à traiter les questions régionales tout en maintenant une ligne stratégique. En ce sens, certains analystes ont accordé une grande attention à la cohésion et à la réponse collective de l'OTAN après l'annexion de la Crimée par la Russie et son intervention continue dans l'est de l'Ukraine. La position de l'alliance sur ces développements témoigne de la relation complexe entre dissuasion, dialogue et désapprobation qui sous-tend sa position stratégique. Et le caractère abordable d'une position unie de l'OTAN vis-à-vis de l'Ukraine est un paramètre majeur des arrangements de sécurité européens. Pour les États participants aux prises avec des calculs politiques difficiles et des sensibilités historiques, il est essentiel de construire et de maintenir l'unité de l'alliance afin de consolider une réponse crédible et énergique. (Sestanovich 2014). Il est nécessaire de réexaminer régulièrement le rôle de l'OTAN en réponse à l'évolution des menaces pour la sécurité, afin de montrer sa fermeté et sa capacité de dissuasion. Par conséquent, une compréhension plus approfondie de la dynamique interne de l'OTAN sur le « théâtre » ukrainien est essentielle pour appréhender la capacité d'adaptation de l'alliance, ses processus de recherche de consensus et sa volonté d'assurer la stabilité euro-atlantique.

Aide économique et régimes de sanctions

L'aide économique et la mise en place de régimes de sanctions constituent des éléments essentiels de la politique géopolitique globale des États-Unis visant à maintenir la stabilité, à promouvoir la diplomatie et à riposter aux actes d'agression qui se produisent sur le territoire ukrainien. Outre l'aide globale, l'aide économique renforce la stabilité financière de l'Ukraine, contribue au développement durable et permet de faire face aux effets socio-économiques du conflit. De plus, ce travail est étroitement lié au maintien d'une trajectoire de sanctions soutenue qui aurait un double impact sur nos adversaires : leur mettre la pression et récompenser ceux qui respectent les normes internationales. Les sanctions sont soigneusement calibrées avec nos partenaires européens et autres alliés afin d'intensifier la pression, de dissuader toute nouvelle agression et de montrer un soutien indéfectible à l'intégrité territoriale de l'Ukraine (Yarhi-Milo 2018). On estime que l'utilisation d'outils économiques en conjonction avec un soutien militaire et diplomatique constitue une approche globale qui tient compte de la nature multilatérale de cette situation.

Cependant, pour trouver le juste équilibre entre les mesures punitives et leur impact potentiel sur le commerce mondial, la dynamique énergétique et la stabilité régionale, en particulier avec l'aide d'alliés comme la France, il faut examiner attentivement les répercussions négatives potentielles d'une réponse ferme. Cet équilibre nécessite un leadership fort et avisé, une coordination avec les partenaires européens et une surveillance attentive de l'efficacité du régime de sanctions, y compris de ses conséquences imprévues, afin de garantir que les effets négatifs sur les populations innocentes soient minimisés tout en maintenant la pression pour atteindre les objectifs stratégiques souhaités. La composante économique de l'aide et des sanctions montre comment les initiatives diplomatiques, sécuritaires et économiques sont interdépendantes et réaffirme la nécessité d'une approche intégrée pour faire face à l'agression et défendre les principes démocratiques. Dans ce contexte difficile, le chapitre suivant explore les calculs changeants auxquels sont confrontés les alliés européens lorsqu'ils réfléchissent à leur rôle dans le partage du fardeau du soutien à l'Ukraine et procèdent à des ajustements stratégiques à la lumière de la crise actuelle.

Alliés européens : partage des charges et réalignements stratégiques

Les alliés européens jouent un rôle essentiel dans le partage des charges et les changements stratégiques liés aux contingences politiques. Les relations transatlantiques, en particulier dans le cadre de l'OTAN, constituent l'élément le plus important de notre coopération en matière de défense et de sécurité. Alors que les États-Unis continuent de fournir une aide militaire et économique à l'Ukraine, il est de plus en plus crucial d'évaluer ce que font – et devraient faire – les alliés européens pour dissuader l'agression et renforcer les normes internationales. Comme l'a exprimé ouvertement l'OTAN elle-même, le partage des charges ne concerne pas uniquement les charges financières. Même si nous accordons une grande attention au financement de la défense, nous devons également examiner le déploiement des troupes, des capacités et des armes afin de maintenir la sécurité régionale. Les réalignements stratégiques nécessitent de porter un regard neuf sur le dispositif militaire, les capacités opérationnelles et l'interopérabilité avec les pays alliés.

Les partenaires de l'UE adaptent leurs doctrines militaires et leurs exercices conjoints afin de garantir notre sécurité commune, en réponse à l'évolution des menaces et en soutien à nos valeurs communes. En outre, le partage des charges englobe des domaines plus larges tels que la résilience et les capacités de guerre hybride. Les investissements dans la cybersécurité, le partage de renseignements et les mesures de lutte contre le terrorisme sont au cœur de la sécurité collective. En mettant en place une approche globale et pangouvernementale de la dissuasion, les alliés européens renforcent leur posture globale de dissuasion à l'égard des acteurs hostiles ainsi que leur capacité à faire face à des menaces multiples.

Les changements, qui se manifestent par des réalignements stratégiques sur la scène européenne, doivent être équilibrés, compte tenu du contexte géopolitique régional et de la perception des menaces. Dans les pays de la Baltique et de la mer Noire, l'ajustement des postures de défense a mis l'accent sur une réaction commune à l'affirmation de soi dans les territoires voisins. En adoptant une politique offensive, les troupes alliées démontreraient leur détermination à défendre le territoire des États-nations et à stabiliser l'est. La négociation de la danse complexe du partage des charges et du rééquilibrage stratégique implique des négociations diplomatiques, une coordination des politiques et un consensus sur la politique de l'alliance. Cela nécessite un équilibre nuancé entre les intérêts nationaux et la sécurité de toutes les parties, qui font partie intégrante de l'objectif global de maintien de la paix et de la stabilité (Porter 2020). Ainsi, le débat et la prise de décision en cours au sein de l'OTAN illustrent l'importance constante des alliés européens dans l'élaboration de changements décisifs en matière de biopolitique et de géopolitique mondiale.

Opinion publique et légitimité géopolitique

La perception du public et la légitimité en géopolitique sont des éléments essentiels pour influencer les conditions des relations internationales. L'opinion publique américaine et européenne influence largement les décisions stratégiques des dirigeants internationaux concernant le soutien des États-Unis à l'Ukraine. La manière dont on perçoit le conflit ukrainien, les arguments moraux en faveur d'une intervention et les points de convergence avec les intérêts nationaux révèlent tout sur ceux qui s'efforcent de maintenir l'opinion publique dans le droit chemin.

Légitimité géopolitique : la reconnaissance de l'autorité et du droit dans les relations internationales est également essentielle. Pour obtenir le soutien international, il est nécessaire de présenter un discours géopolitique légitime qui s'oppose à l'agressivité de la Russie et soutient l'Ukraine (Dueck 2006). Nous examinons ici la dynamique entre l'opinion publique et la légitimité géopolitique, ainsi que leurs effets sur le comportement des États-Unis envers l'Ukraine. Nous nous intéressons à la manière dont les décideurs politiques s'efforcent d'influencer l'opinion publique et de jeter les bases de la légitimité de leurs politiques, notamment lorsqu'ils sont confrontés à un contexte international complexe. Nous étudions également l'influence des médias, du discours et de l'activisme sur la formation de l'opinion publique et son importance pour la stratégie globale. Nous analysons également l'importance d'établir et de maintenir une légitimité géostratégique au sein de la communauté internationale au sens large. Cela signifie aligner le soutien des États-Unis à l'Ukraine sur les principes reconnus du droit international, des droits de l'homme et des normes de sécurité. Nous examinons également comment les attitudes et la légitimité géopolitique influencent la dynamique de l'alliance de deux manières, en renforçant la cohésion et l'engagement des alliés européens à soutenir l'Ukraine. Enfin, nous fournissons un aperçu des nuances nécessaires pour maintenir un équilibre entre l'opinion publique et les impératifs géopolitiques, en affirmant que la transparence, le leadership éthique et la communication stratégique sont indispensables pour gagner la confiance du public et la légitimité géopolitique face à des défis considérables.

Contre-mesures russes : implications régionales

La réaction de la Russie au soutien américain à l'Ukraine a été multiple et reflète ses impératifs stratégiques et ses enjeux dans la région. Les réponses de Moscou ont été un mélange d'actions militaires, diplomatiques et économiques calculées pour renforcer sa position tout en indiquant clairement que s'engager dans ce qu'elle considère comme son arrière-cour a un coût. En termes de puissance militaire, la Russie a renforcé sa présence et ses capacités militaires le long de ses frontières occidentales, organisant des exercices militaires à grande échelle, modernisant ses forces armées et déployant des armes de haute technologie en Crimée et dans d'autres régions clés proches de l'Ukraine. Cette attitude plus affirmée est à la fois une démonstration de force et un signe de la volonté de Moscou de réagir avec fermeté aux défis perçus comme provenant de l'Ukraine, ainsi que de l'alliance euro-atlantique au sens large. Sur le plan diplomatique, Moscou a tenté de diviser l'Occident en identifiant les clivages entre les puissances occidentales et au sein de l'OTAN et de l'Union européenne, en remettant en question leur soutien à l'Ukraine et en semant la discorde entre les nations alliées. Gilad Erdan, ministre israélien des Affaires stratégiques et de la Diplomatie publique, a déclaré dans un communiqué (en **janvier 2019**) que les contacts avec des États comme l'Ukraine devaient avoir lieu « sans conditions préalables ».

En outre, Moscou a mené une action diplomatique agressive envers les pays d'Europe de l'Est et d'Asie centrale, s'efforçant de nouer des liens plus étroits et d'affaiblir l'influence occidentale dans certains domaines clés. Sur le plan économique, la Russie a transformé les incitations énergétiques et financières en sources d'influence en utilisant sa position de premier fournisseur de gaz naturel de l'Europe pour offrir des financements aux gouvernements en manque de liquidités, tout en encourageant les sentiments pro-russes dans le but de saper les sanctions occidentales. Ces mesures sont le résultat de la détermination de la Russie à sécuriser ses arrières stratégiques et à s'imposer dans cette région, ce qui complique considérablement l'engagement de longue date des puissances occidentales, notamment les États-Unis et leurs partenaires, à soutenir l'Ukraine et à repousser l'agression russe.

Les répercussions des actions de la Russie contre l'Ukraine se font sentir non seulement dans le théâtre immédiat de l'Ukraine, mais aussi dans le paysage géopolitique plus large de l'Europe de l'Est, où les empires d'autrefois ont vu leurs rêves s'effondrer et où le fascisme est né, où les lignes de fracture géopolitiques et les souverainetés ipso facto se disputent le contrôle. Le tissu d'alliances, de dépendances et de souvenirs historiques de la région la rend vulnérable à d'éventuelles escalades ou luttes de pouvoir qui pourraient perturber l'équilibre fragile qui perdure depuis la fin de la guerre froide (Gaddis 2005). En effet, la sécurité européenne ne peut être assurée par les seuls efforts des acteurs régionaux, y compris les implications sécuritaires des agissements répréhensibles de la Russie, sans parler d'un espace euro-atlantique plus large.

Défis pour un soutien durable : facteurs nationaux et internationaux

Tant sur le plan national qu'international, le soutien continu des États-Unis à l'Ukraine est remis en question. Dans tout pays, les transitions politiques comportent le risque de changements dans les préférences en matière de politique étrangère et dans les allocations budgétaires associées, de sorte que l'Ukraine pourrait également connaître des changements dans les niveaux de soutien extérieur. En outre, l'opinion publique et l'attention des médias pourraient influencer de plus en plus la perception de l'importance de l'Ukraine dans le sens stratégique plus large des États-Unis.

Le soutien international à l'Ukraine devient de plus en plus difficile en raison des réalités géopolitiques et des politiques des autres puissances étrangères. Des intérêts concurrents, tels que les conflits dans d'autres parties du monde ou les ralentissements économiques mondiaux, peuvent également détourner l'attention de l'Ukraine, malgré sa proximité.

De plus, le réseau mondial complexe d'alliances et de

partenariats pourrait imposer des exigences contradictoires aux ressources diplomatiques et militaires américaines, conduisant à une répartition précaire de l'engagement sur plusieurs théâtres. À tout cela s'ajoute le contexte de guerre en constante évolution, qui présente en soi une situation difficile. Le contexte du soutien doit faire l'objet d'un examen constant, et la dynamique dans la région, en termes de stratégie, de tactique et d'intentions de tous les acteurs, nécessite un ajustement continu.

La perspective d'une escalade et l'objectif de parvenir à une paix stable dans la région ajoutent à la complexité de la politique d'aide continue. Des calculs économiques entrent également en jeu, les intérêts commerciaux concurrentiels et les dépendances énergétiques des principaux acteurs se mêlant à la posture stratégique en Ukraine. Nous devons prendre du recul et examiner comment nos régimes de sanctions affectent l'économie mondiale de manière durable afin de garantir un soutien continu à l'Ukraine (Mazarr 2019). Tout en abordant ces questions, le défi consiste à comprendre la complexité du conflit, la finesse diplomatique dans la gestion des relations internationales et la nuance nécessaire pour mobiliser l'opinion publique nationale en faveur d'un engagement durable. Il s'agit d'un exercice de calibrage minutieux, qui consiste à faire correspondre les impératifs stratégiques aux réalités géopolitiques, tout en tissant un réseau de relations internationales et d'intérêts nationaux (électoraux) entremêlés.

Vision à long terme et avenir des relations entre les États-Unis et l'Ukraine

Lorsque nous réfléchissons à l'avenir des relations entre les États-Unis et l'Ukraine, nous devons garder à l'esprit qu'une perspective à long terme est nécessaire et que nous devons voir au-delà des défis immédiats et même des crises. Les relations durables entre les États-Unis et l'Ukraine reflètent une approche multiforme et comprennent une aide diplomatique et économique en matière de sécurité, des efforts humanitaires, des relations commerciales et de nouveaux investissements dans l'avenir indépendant de l'Ukraine. Le maintien de la souveraineté et de l'intégrité territoriale de l'Ukraine constitue la pierre angulaire de cette vision à long terme. Les États-Unis doivent réaffirmer sans relâche leur engagement en faveur du droit international et de l'indépendance de l'Ukraine face aux agressions extérieures. La perspective des relations entre les États-Unis et l'Ukraine consiste à développer un système de coopération institutionnelle et des liens plus étroits entre nos pays. Cela comprend le développement du commerce et des investissements, les échanges culturels et les possibilités de partenariat dans le domaine de l'éducation. En renforçant ces liens, il serait possible de susciter une compréhension mutuelle et une action commune entre les deux pays afin d'établir une amitié et une prospérité durables.

Un autre élément clé de notre vision à long terme consiste à œuvrer en faveur de la réforme démocratique et de la gouvernance en Ukraine. Les États-Unis peuvent jouer un rôle essentiel pour soutenir ces efforts en faveur d'une plus grande transparence, d'une meilleure responsabilité et d'un renforcement de l'État de droit. Ce faisant, l'Ukraine renforcera son statut de nation démocratique et contribuera à stimuler la croissance économique et le développement social. Lorsque l'on examine l'avenir des relations entre les États-Unis et l'Ukraine, il est impératif d'analyser ce partenariat stratégique dans un contexte régional et mondial. En participant activement à des organisations et alliances multilatérales, les États-Unis et l'Ukraine pourraient exercer leur influence sur des questions d'intérêt commun, allant de la sécurité et de la stabilité en Europe de l'Est à la lutte contre les défis mondiaux tels que le changement climatique et les cybermenaces.

En fin de compte, le partenariat en constante évolution entre les États-Unis et l'Ukraine exige de la flexibilité et de la prévoyance. Parallèlement à l'évolution du terrain stratégique, les deux pays doivent également faire preuve de souplesse dans leur réponse aux nouvelles menaces et opportunités. Cela nécessite un dialogue continu et des vérifications périodiques des priorités communes, ainsi que la capacité de s'adapter lorsque les conditions l'exigent. En définitive, l'avenir des relations entre les États-Unis et l'Ukraine dépend d'une politique stable à long terme, fondée sur un soutien de principe, une coopération globale et une flexibilité stratégique (Silove 2018). En adoptant cette vision, les États-Unis renforcent leur partenariat avec l'Ukraine, contribuent au maintien de la paix dans la région et défendent un système mondial fondé sur des règles.

***

Biddle, Stephen. 2004. *Military Power: Explaining Victory and Defeat in Modern Battle*. Princeton, NJ : Princeton University Press.

Brands, Hal. 2022. *The Twilight Struggle: What the Cold War Teaches Us about Great-Power Rivalry Today*. New Haven, CT : Yale University Press.

Dueck, Colin. 2006. *Reluctant Crusaders: Power, Culture, and Change in American Grand Strategy*. Princeton, NJ : Princeton University Press.

Gaddis, John Lewis. 2005. *Stratégies d'endiguement : une évaluation critique de la politique américaine de sécurité nationale pendant la guerre froide*. Édition révisée et augmentée. New York : Oxford University Press.

Mazarr, Michael J. 2019. La folie du contrôle des armements : pourquoi la paix nécessite une nouvelle stratégie. New York : PublicAffairs.

Porter, Patrick. 2020. *La fausse promesse de l'ordre libéral : nostalgie, illusion et ascension de Trump*. Cambridge : Polity Press.

Sestanovich, Stephen. 2014. *Maximaliste : l'Amérique dans le monde, de Truman à Obama*. New York : Alfred A. Knopf.

Silove, Nina. 2018. « Au-delà du mot à la mode : les trois significations de la « grande stratégie ». *Security Studies* 27 (1) : 27-57.

Van Evera, Stephen. 1997. Guide to Methods for Students of Political Science. Ithaca, NY : Cornell University Press.

Yarhi-Milo, Keren. 2018. *Who Fights for Reputation: The

Psychology of Leaders in International Conflict*. Princeton, NJ : Princeton University Press.

5
Étude de cas II : Le pivot vers l'Asie de l'Est

Le Japon, la Chine et la rivalité indo-pacifique

Contexte : après la guerre, partenaires et orientations stratégiques

Après la Seconde Guerre mondiale, les États-Unis ont mené une transition dans le domaine de la sécurité. Le traité de paix de San Francisco de 1951 a officiellement mis fin à l'occupation américaine au Japon et a ouvert la voie à la réintégration du Japon dans un système mondial de plus en plus dominé par la puissance américaine. Le traité de sécurité d'après-guerre signé par les États-Unis et le Japon a ensuite formé une alliance militaire permanente avec le Japon comme pivot stratégique de la défense en Asie. Dans le même temps, les États-Unis ont été contraints d'accroître considérablement leur présence en Corée du Sud pendant la guerre de Corée, ce qui a abouti à la signature d'un traité de défense mutuelle avec la Corée du Sud en 1953. Cet engagement a encore étendu la couverture sécuritaire des États-Unis à la Corée, et son impact a marqué les relations en Asie du Nord-Est (Gaddis 2005).

Le renforcement de ses liens avec Taïwan, les Philippines et d'autres acteurs régionaux a également consolidé l'implication des États-Unis en Asie de l'Est. Néanmoins, la normalisation des relations entre les États-Unis et la Chine dans les années 1970, notamment grâce au communiqué de Shanghai, a déclenché une réorientation stratégique qui a eu des répercussions dans toute l'Asie. À mesure que la Chine a connu une croissance économique fulgurante, réorganisant ainsi le pouvoir et l'influence, les structures d'alliance ont changé et les priorités stratégiques des États-Unis ont dû être repensées.

L'Asie de l'Est a toujours fait l'objet de considérations stratégiques dans un contexte marqué par un lourd passé historique, des querelles territoriales et des revendications sur des territoires maritimes. L'héritage du colonialisme et les conflits historiques révèlent la complexité des relations entre les pays de cette région. Au cours de cette transformation, les États-Unis ont dû équilibrer leurs alliances, maintenir la stabilité et atténuer les conflits potentiels (Brands 2022).

Les réconciliations et les stratégies d'après-guerre font toujours partie de la mentalité actuelle de l'Asie de l'Est. L'interface entre l'héritage historique, l'évolution des rapports de force et les nouveaux défis rend importante l'exploration de l'histoire qui sous-tend les alliances américaines en Asie, ce qui révèle pourquoi elles sont importantes pour la réflexion stratégique contemporaine.

L'ascension de la Chine : puissance, sécurité et avenir de la politique internationale

L'ascension fulgurante de la Chine au cours des dernières décennies en tant que puissance économique mondiale a modifié la politique internationale en Asie de l'Est et au-delà. La Chine, deuxième économie mondiale, a utilisé sa puissance économique pour gagner en influence politique, tant au niveau régional que mondial. L'initiative « Belt and Road

» (BRI), un projet d'infrastructure et d'investissement de grande envergure, montre à quel point la Chine souhaite construire des réseaux, renforcer la connectivité et influencer d'autres régions grâce à son soft power. Deuxièmement, l'influence croissante de la Chine au sein des institutions financières internationales lui permet d'essayer de façonner les règles de l'économie mondiale.

La puissance militaire de la Chine s'est développée parallèlement à sa puissance économique. Elle est passée d'une force principalement terrestre à une force multidimensionnelle qui comprend des capacités aériennes, maritimes et cybernétiques. L'APL a également fait l'objet de réformes, s'est modernisée grâce aux nouvelles technologies et s'est également tournée vers l'industrie de la défense afin de devenir plus autonome. Les porte-avions, les avions de combat furtifs et les missiles hypersoniques sont trois exemples récents de l'approfondissement de la portée militaire et des prouesses techniques de la Chine (Biddle 2004).

Croissance économique et modernisation militaire Cette double ascension économique et militaire place la République populaire de Chine dans une situation particulière. D'une part, les ambitions internes de la Chine tournent autour de la stabilité et de la prospérité. Le renforcement militaire de la Chine en mer de Chine méridionale a alarmé les pays voisins et suscité un débat sur l'équilibre des pouvoirs en Asie de l'Est. Les domaines complexes et interdépendants de l'économie et de la sécurité compliquent la tâche des décideurs politiques et des parties prenantes, qui doivent gérer avec soin les alliances, les relations commerciales et les frontières, entre autres.

Plus important encore, les forces entremêlées de l'interdépendance économique et de la rivalité stratégique ont mis en évidence la nature nuancée des relations sino-américaines. Les relations économiques entre les deux puissances mondiales restent importantes, mais les déséquilibres commerciaux, les politiques en matière de propriété intellectuelle et les transferts de technologie de la Chine sont devenus une source croissante d'irritation. Dans le même temps, les tensions géopolitiques dans la région indo-pacifique se sont accrues, les divergences s'exprimant par une multiplication des exercices navals, des signaux militaires et des manœuvres diplomatiques risquées.

En résumé, l'émergence de la Chine en tant que puissance économique florissante et présence militaire forte a eu diverses implications pour la sécurité régionale et internationale. Il est essentiel d'analyser les nuances de l'expansion (militaire) de la Chine parallèlement à l'expansion de son économie et la manière dont ces deux aspects s'entremêlent pour élaborer des politiques qui stabilisent, établissent une coopération et règlent les problèmes avant qu'ils ne s'aggravent dans la région indo-pacifique.

Le Japon au cœur du pivot : sécurité régionale et posture de défense

Tout comme en Asie de l'Est, l'importance stratégique du Japon en matière de sécurité joue un rôle crucial. Fort d'un contexte historique solide, d'une attraction économique et de capacités militaires sophistiquées, le Japon s'inscrit naturellement dans le pivot indo-pacifique. Le pays a affiné ses stratégies de sécurité et de défense afin de trouver une issue à la situation régionale complexe, tout en restant attaché à la paix et à la stabilité. Même si la constitution pacifiste adoptée après la Seconde Guerre mondiale présente (il faut le reconnaître) de sérieuses limites, elle a conduit le Japon à adopter une politique très nuancée en matière de sécurité régionale. La recherche proactive d'alliés clés et une forte capacité de coopération en matière de défense ont aidé le Japon à se réajuster face aux menaces potentielles.

L'un des éléments clés de la stratégie régionale du Japon est son alliance avec les États-Unis, qui a donné naissance à un partenariat puissant constituant le pilier de la stabilité et de la dissuasion en Asie de l'Est. Cette coopération comprend toute une série d'activités, notamment des exercices conjoints, le partage de renseignements, le transfert de technologies et des obligations de défense mutuelle, qui viennent renforcer la structure de sécurité sociale. La modernisation progressive des Forces d'autodéfense japonaises s'inscrit quant à elle dans le cadre d'un changement stratégique visant à renforcer les capacités de défense nationales dans un contexte sécuritaire en pleine évolution (Sestanovich 2014). La participation du Japon à des accords multilatéraux, notamment l'ASEAN, le Quad et d'autres mécanismes régionaux, illustre parfaitement sa recherche de mécanismes de sécurité coopératifs.

Les changements stratégiques de Tokyo complètent également sa puissance économique, le commerce et les investissements servant de moteurs au développement régional et à l'interdépendance, ce qui consoliderait encore davantage la projection du soft power de Tokyo. Il s'agit d'un exercice délicat pour le Japon, d'autant plus que le fossé est creusé par l'animosité liée à une histoire non résolue. Ces complexités doivent être gérées avec habileté, grâce à une posture militaire calibrée, tout en poursuivant le dialogue qui pourrait forger une architecture sécuritaire pour l'Asie de l'Est. À mesure que le paysage indo-pacifique évolue, il est clair que les objectifs stratégiques et les décisions politiques du Japon auront des répercussions au-delà de ses frontières et influenceront la dynamique du pouvoir régional et la résilience stratégique.

Intérêts et engagement des États-Unis

Les États-Unis ont toujours été et continuent d'être profondément et durablement préoccupés par l'Asie de l'Est, une région cruciale en termes d'équilibre international des pouvoirs et de richesse économique. Caractérisé par des alliances, des relations commerciales et des partenariats de sécurité, le rôle des États-Unis en Asie de l'Est est un élément déterminant de leur positionnement global en matière de politique étrangère. La stabilité, la sécurité et un ordre international fondé sur des règles sont fondamentaux pour l'engagement stratégique des États-Unis. La présence avancée de la marine américaine, ancrée dans les grandes bases américaines de Yokosuka et Sasebo au Japon et dans les installations navales de Guam et Singapour, témoigne de la volonté sérieuse des États-Unis de garantir la liberté de navigation et la sécurité maritime globale dans toute la région indo-pacifique.

Outre les déploiements militaires, les États-Unis encouragent la stabilité régionale par le biais d'engagements diplomatiques tels que des dialogues de haut niveau avec leurs principaux alliés et partenaires. Les intérêts économiques occupent une place prépondérante dans la stratégie américaine en Asie de l'Est, l'accent étant mis sur le commerce équitable, l'accès aux marchés et les opportunités d'investissement. Les États-Unis soutiennent depuis longtemps des relations économiques ouvertes et transparentes, utilisant leur influence pour construire des architectures commerciales régionales qui mettent l'accent sur le développement durable dans la région Asie-Pacifique. En outre, les États-Unis aspirent à encourager la coopération institutionnelle via des plateformes multilatérales, notamment (1) le Forum régional de l'ASEAN et (2) le Sommet de l'Asie de l'Est, afin de soutenir des architectures de sécurité inclusives et la résolution pacifique des conflits.

Depuis lors, les programmes américains de soft power, notamment les échanges éducatifs, la sensibilisation culturelle et la diplomatie publique, ont contribué à maintenir une perception positive dans la région. Les États-Unis adopteront une approche calibrée axée sur la dissuasion et la réassurance, en renforçant leurs engagements en matière de sécurité tout en continuant à rechercher un engagement constructif avec la Chine, dont l'influence croissante se fait sentir dans toute la région (Porter 2020). En cherchant à maintenir de manière saine et équilibrée leur présence et leur influence en Asie de l'Est, les États-Unis deviennent un pilier de la stabilité dans cet environnement géopolitique immédiat et instable qui s'étend à travers l'Indo-Pacifique.

Dialogues : bilatéraux et multilatéraux : promouvoir la stabilité

Dans le contexte géopolitique complexe de l'Asie de l'Est, la stabilité nécessite d'élever les relations bilatérales et multilatérales à un niveau supérieur. Le mélange complexe d'alliances, de rivalités historiques et de liens économiques dans la région souligne l'importance d'une diplomatie prudente et réfléchie. Les engagements bilatéraux tels que le traité Camp avec le Japon et l'alliance avec la Corée constituent des éléments essentiels pour la sécurité et la dissuasion régionales. Ces associations représentent des engagements à long terme et servent d'éléments stabilisateurs dans un environnement où la dynamique de sécurité est en constante évolution.

En outre, il convient d'encourager les engagements multilatéraux dans des forums tels que le Quad (qui comprend les États-Unis, le Japon, l'Inde et l'Australie) et l'ASEAN, afin de renforcer les mécanismes de coopération permettant de répondre aux préoccupations communes. En permettant aux puissances régionales de dialoguer et de coopérer, ces forums constituent un moteur pour la paix et la stabilité. Les dialogues et négociations en cours sur les différends territoriaux contestés, notamment en mer de Chine méridionale, rappellent également la nécessité de renforcer la stabilité par la voie diplomatique. La frontière ténue entre l'affirmation de la souveraineté et la prévention de l'escalade illustre l'importance capitale de la diplomatie bilatérale et multilatérale dans l'élaboration des résultats régionaux.

Alors que la technologie modifie la nature de la sécurité, des piliers tels que la coopération en matière de cybersécurité, les partenariats maritimes et les efforts visant à empêcher une nouvelle prolifération constituent tous des éléments indispensables à la coopération en matière de stabilité. Parallèlement, les exercices conjoints et le partage de renseignements favorisent l'interopérabilité et encouragent la coopération en matière de sécurité entre alliés et partenaires. Ces dimensions tangibles des relations bilatérales et multilatérales réaffirment l'importance de ces dernières pour renforcer la stabilité et prévenir les conflits en Asie de l'Est. C'est dans ce contexte que s'inscrit l'examen, dans cet ouvrage, des difficultés et des implications du maintien de l'ordre grâce à des relations bilatérales et multilatérales prudentes et minutieusement orchestrées en Asie de l'Est.

Les relations d'interdépendance complexes entre les liens économiques et les politiques commerciales

Élément essentiel du système complexe des relations internationales, les liens économiques et les politiques commerciales déterminent en grande partie la configuration stratégique. L'Indo-Pacifique ne fait pas exception : l'interdépendance économique entre les principaux acteurs détermine en fin de compte leur destin commun, qui joue un rôle dans les déséquilibres géopolitiques régionaux. L'émergence de la Chine en tant que puissance économique mondiale s'est traduite par une augmentation des flux commerciaux et d'investissement entre la Chine, le Japon, les États-Unis et d'autres partenaires régionaux. Cette intégration économique est un moteur de croissance et de développement, mais elle implique également divers défis, notamment en matière de concurrence stratégique et de sécurité nationale.

L'imbrication des chaînes d'approvisionnement, le transfert de technologies et les liens financiers témoignent de la profondeur des liens économiques dans la région. Les dirigeants nationaux devront faire preuve de prudence face à ces interdépendances, en trouvant un équilibre entre la nécessité de la coopération économique et les questions de sécurité. Les questions commerciales telles que les droits de propriété intellectuelle, l'accès aux marchés et l'équité des pratiques commerciales occupent le devant de la scène. Par ailleurs, les différends relatifs à la manipulation des devises, aux subventions à l'exportation et aux normes réglementaires compliquent le tissu des relations économiques entre les pays de la région indo-pacifique.

Les politiques commerciales, notamment les droits de douane, les quotas et les accords de libre-échange, constituent donc également des moyens d'influencer la dimension économique des rivalités stratégiques. Essentiellement, la concurrence indo-pacifique se caractérise par deux visions de l'intégration économique, avec des initiatives contestées telles que l'Accord de partenariat transpacifique global et progressiste (CPTPP) et le Partenariat économique régional global (RCEP), qui représentent des modèles commerciaux et d'investissement concurrents. Ils fournissent un cadre qui sous-tend le commerce et ont des implications pour la répartition régionale du pouvoir et l'alignement des États au nom de leurs intérêts.

Dans ce réseau de relations, les États-Unis cherchent à reformuler leur politique commerciale dans la région en renforçant leurs liens économiques tout en essayant de trouver des moyens de résoudre les questions relatives à l'accès au marché et à la protection de la propriété intellectuelle. Dans le même temps, le Japon cherche à utiliser ses relations économiques pour maintenir la stabilité et le commerce fondé sur des règles dans la région, s'imposant comme l'un des principaux acteurs de l'architecture économique dans la région indo-pacifique. Alors que la BRI chinoise annonce l'émergence de nouvelles formes de connectivité économique dans la région, les acteurs régionaux sont contraints d'examiner activement les conséquences à long terme de leur participation à de telles initiatives, tant en termes de risques que d'avantages (Yarhi-Milo 2018).

En général, il faut des compétences diplomatiques considérables et une réflexion politique très avant-gardiste pour naviguer dans cet ensemble très complexe d'éléments économiques utilisés comme « arme » dans les politiques de sécurité. Des efforts actifs et collectifs sont nécessaires pour maintenir un équilibre qui garantisse la prospérité sans créer de vulnérabilités potentielles. À mesure que la concurrence indo-pacifique s'intensifie, les aspects économiques de ce théâtre stratégique resteront d'une importance cruciale, avec des implications profondes tant pour les affaires régionales que pour le système international au sens large.

Dilemmes sécuritaires et gestion des risques : paix ou affirmation de soi

En Asie de l'Est, les dilemmes de sécurité mixtes causés par le tiraillement des États entre la paix et l'affirmation de soi dominent la perception de la constellation complexe de la région. Il s'agit d'une région marquée par des griefs historiques, des territoires contestés et des doctrines de sécurité différentes, ce qui rend l'établissement de la stabilité dans la région plus complexe. Les actions affirmées de la Chine en mer de Chine méridionale et la modernisation de son armée ont alarmé les pays de la région ainsi que Washington. Le Japon doit toutefois trouver un équilibre entre ses besoins en matière de sécurité, conformément à sa constitution pacifiste, et la nécessité de répondre aux provocations locales. En tant que pays majeur de la région indo-pacifique, les États-Unis doivent trouver le moyen de maintenir une capacité de sécurité forte sans recourir à l'armement ni aboutir à une confrontation militaire.

Il est essentiel de trouver un équilibre entre dissuasion et diplomatie pour gérer ces dilemmes sécuritaires. La réduction des risques revêt une importance nouvelle pour éviter les interprétations erronées et les escalades involontaires (Van Evera 1997). L'évaluation des risques et les stratégies de réponse sont encore compliquées par les interdépendances économiques, les rivalités géopolitiques et les progrès technologiques. En outre, l'évolution de la guerre, notamment sous ses aspects cybernétiques et liés à l'intelligence artificielle, ajoute une nouvelle dimension aux problèmes de sécurité. Les cyberattaques et la désinformation visant la sécurité nationale sont des facteurs critiques pour l'atténuation des risques. De plus, l'essor des systèmes d'armes basés sur l'intelligence artificielle soulève des questions éthiques, juridiques et stratégiques qui remettent en cause les modèles traditionnels de sécurité.

L'équilibre fragile entre paix et assertivité nécessite une approche globale comprenant des efforts diplomatiques, des dispositifs de gestion des crises et une communication ouverte. Les discussions multilatérales et le renforcement de la confiance peuvent contribuer à réduire les dilemmes sécuritaires et à promouvoir des structures de sécurité coopératives. Cependant, il est difficile de réaliser ces objectifs face à des intérêts nationaux divergents et à des ressentiments historiques. Implications pour Alep Pour résoudre les dilemmes en matière de sécurité, il faut faire preuve d'empathie envers les positions des autres et s'engager fermement à respecter les normes et principes internationaux. En conclusion, l'équilibre délicat entre paix et fermeté en Asie de l'Est exige une gestion prudente des risques, un dialogue soutenu et une volonté commune de privilégier la stabilité régionale plutôt que des intérêts unilatéraux particuliers.

Progrès technologiques et guerre : cyber, IA, innovation

La nature de la guerre évolue rapidement en raison du rythme des innovations technologiques, en particulier dans les domaines de la cybersécurité et de l'IA. Dans le monde numérique hyperconnecté d'aujourd'hui, la cyberguerre est devenue une arme incontournable dans l'arsenal des États et des acteurs non étatiques pour atteindre leurs objectifs stratégiques, qu'il s'agisse d'espionnage, de sabotage, de campagnes de désinformation ou d'attaques contre des infrastructures critiques. Avec la prolifération des technologies numériques dans les systèmes nationaux, les ramifications des cyberattaques pour la sécurité sont énormes, et il est donc temps de revoir nos doctrines de défense classiques (Mazarr 2019).

Opportunités et défis découlant de l'introduction de l'IA dans les opérations militaires. L'IA est en passe de transformer les mécanismes de commandement et de contrôle, le ciblage de précision, ainsi que la logistique et la gestion de la chaîne d'approvisionnement. Toutefois, les aspects éthiques des systèmes autonomes et les dangers découlant de la prise de décision algorithmique doivent être examinés avec discernement. Elle entraîne également une course à l'armement technologique dans le domaine de l'IA et des cybercapacités, une période d'innovation et d'adaptation concurrentielles qui a accru les tensions géopolitiques.

Dans ce contexte, il est essentiel que les décideurs politiques et autres experts du domaine de la défense continuent d'échanger leurs points de vue en vue d'élaborer des normes et des réglementations internationales qui minimisent les risques en tirant parti des technologies émergentes pour la sécurité et la stabilité mondiales. La R&D en matière de technologie de défense ne se limite toutefois pas à la cybersécurité et à l'IA ; les efforts de modernisation englobent tout, de l'informatique quantique aux capacités spatiales, en passant par les véhicules aériens sans pilote et les armes du futur. Ces développements offrent de nouvelles opportunités d'avantage stratégique et de guerre asymétrique qui redéfinissent les frontières conventionnelles de la guerre elle-même.

La rencontre entre la technologie et la guerre met en évidence la nécessité d'une enquête inclusive sur la signification de ces développements, leur utilisation et les limites de leur portée. Enfin, il est nécessaire d'encourager une plus grande coopération entre les secteurs public et privé, ainsi qu'entre les pays au niveau international, afin de répondre aux nombreux problèmes soulevés par les nouvelles technologies de guerre. En prenant conscience de l'interaction changeante entre la cybersécurité, l'IA et l'innovation dans le contexte de la sécurité nationale et de la concurrence stratégique, les dirigeants peuvent naviguer dans la complexité actuelle de la guerre et créer un avenir plus sûr et plus résilient.

Comment la région réagit-elle : Corée du Sud, Asie et au-delà

La géopolitique de l'Asie de l'Est suscite des réactions variées de la part des pays de la région et au-delà. La Corée du Sud, pour sa part, acteur clé dans ce contexte, doit naviguer entre ses relations économiques étroites avec la Chine et ses liens de sécurité de longue date avec les États-Unis. Une diplomatie délicate L'installation en Corée de systèmes avancés de défense antimissile américains, qui a provoqué la riposte de la puissante Chine et des tensions diplomatiques vives, représente un défi de taille pour la diplomatie délicate de Séoul (Dueck 2006). Dans le même temps, l'ASEAN est contrainte de gérer ses propres réponses complexes, car elle tente de maintenir sa politique de non-ingérence tout en naviguant avec nuance et prudence entre les puissances militaires régionales afin d'assurer un certain degré de stabilité dans la région. En tant qu'organisation très hétérogène, comprenant des membres aux alignements et aux priorités différents, cette dynamique rend difficile l'élaboration d'une réponse collective à la concurrence indo-pacifique.

Outre ces acteurs centraux, les pays voisins élaborent également leurs propres réponses. Des politiques audacieuses en mer de Chine méridionale à une intégration économique plus profonde grâce à l'initiative massive « Belt and Road » de Pékin, des pays tels que le Vietnam, les Philippines et la Malaisie ajustent leur calcul en matière de politique étrangère en fonction de l'évolution des rapports de force. L'Inde, l'Australie et d'autres nouveaux acteurs régionaux réinventent leur rôle dans la région indo-pacifique. L'Inde souhaite renforcer sa présence stratégique par des initiatives telles que le Quad, qui comprend également les États-Unis, le Japon et l'Australie et vise à contrebalancer l'influence de la Chine dans l'océan Indien. Il en va de même pour l'Australie, tiraillée entre le maintien de son alliance cruciale avec les États-Unis et le développement de ses relations économiques avec la Chine.

Ces réactions régionales multifacettes reflètent l'interaction complexe entre les manœuvres diplomatiques, les enchevêtrements économiques et les calculs sécuritaires qui façonnent la scène est-asiatique en ces temps de plus en plus turbulents. Cet équilibre délicat entre les intérêts nationaux et la stabilité régionale est actuellement une source d'inquiétude pour les décideurs politiques et les stratèges de toute la région indo-pacifique.

Perspectives : défis et opportunités pour l'équilibre stratégique

En nous tournant vers l'avenir de l'équilibre stratégique dans la région indo-pacifique, nous devons comprendre toutes ces couches de défis que l'histoire nous a imposés, à nous et à d'autres. La situation géopolitique mondiale évolue et l'équation stratégique pour les prochaines décennies pourrait s'avérer assez complexe. L'un des principaux défis consiste donc à gérer la rivalité croissante entre les grandes puissances, en particulier les États-Unis et la Chine, qui s'efforcent d'affirmer leur influence sans entrer en conflit direct

(Silove 2018).

En outre, les progrès rapides dans des domaines tels que l'intelligence artificielle (IA), les cyberarmes et les plateformes spatiales vont révolutionner la nature de la guerre et la sécurité de la région. Cette course technologique présente un nouveau niveau de risques et d'opportunités, qui nécessite un examen de plus en plus minutieux des approches conventionnelles en matière de défense et de dissuasion.

Sur le plan économique, l'interconnexion du commerce mondial et la complexité des chaînes d'approvisionnement font que les efforts visant à gérer les incertitudes économiques et à minimiser les dommages causés par les frictions commerciales réciproques seront suivis de très près. Alors que les économies régionales sont confrontées à ces défis, des opportunités se présentent pour les initiatives de coopération visant à promouvoir la stabilité et la durabilité.

Dans cette situation complexe, le rôle des groupements régionaux tels que l'ASEAN et le Sommet de l'Asie de l'Est est devenu plus important pour envisager le terrain stratégique futur. Ils offrent un espace de dialogue, de coopération et de résolution des conflits en créant une opportunité de consensus et de compréhension mutuelle entre les différents acteurs.

De plus, l'émergence de défis sécuritaires non traditionnels tels que le changement climatique, les pandémies et la criminalité transnationale nécessite une compréhension plus globale de la sécurité qui dépasse les menaces militaires traditionnelles. Pour relever ces défis, il est nécessaire de mettre en place des structures politiques créatives et une coopération multidisciplinaire afin de garantir une approche intégrée en matière de prévention et de réponse.

Afin de préparer l'avenir de l'équilibre stratégique dans la région indo-pacifique, il est impératif que nous reconnaissions tous les liens sous-jacents entre les défis et les opportunités. La nature en constante évolution de la région exige une réflexion et une action flexibles qui s'adaptent aux facteurs géopolitiques, technologiques et environnementaux changeants. Grâce à une combinaison de diplomatie proactive, de dialogue inclusif et de politiques tournées vers l'avenir, les parties prenantes peuvent au moins essayer de gérer les complexités et de tracer la voie vers un avenir sûr et prospère, non seulement pour la région indo-pacifique, mais aussi au-delà.

***

Biddle, Stephen. 2004. *Military Power: Explaining Victory and Defeat in Modern Battle*. Princeton, NJ : Princeton University Press.

Brands, Hal. 2022. *The Twilight Struggle: What the Cold War Teaches Us about Great-Power Rivalry Today*. New Haven, CT : Yale University Press.

Dueck, Colin. 2006. *Reluctant Crusaders: Power, Culture, and Change in American Grand Strategy*. Princeton, NJ : Princeton University Press.

Gaddis, John Lewis. 2005. *Strategies of Containment: A Critical Appraisal of American National Security Policy during the Cold War*. Édition révisée et augmentée. New York : Oxford University Press.

Mazarr, Michael J. 2019. *The Folly of Arms Control: Why

Peace Requires a New Strategy*. New York : PublicAffairs.

Porter, Patrick. 2020. *La fausse promesse de l'ordre libéral : nostalgie, illusion et ascension de Trump*. Cambridge : Polity Press.

Sestanovich, Stephen. 2014. *Maximaliste : l'Amérique dans le monde, de Truman à Obama*. New York : Alfred A. Knopf.

Silove, Nina. 2018. « Au-delà du mot à la mode : les trois significations de la « grande stratégie ». *Security Studies* 27 (1) : 27-57.

Van Evera, Stephen. 1997. Guide des méthodes pour les étudiants en sciences politiques. Ithaca, NY : Cornell University Press.

Yarhi-Milo, Keren. 2018. *Who Fights for Reputation: The Psychology of Leaders in International Conflict*. Princeton, NJ : Princeton University Press.

6
Dynamiques géopolitiques en mer de Chine méridionale

Stratégies américaines et perceptions chinoises de l'endiguement

Introduction au paysage géopolitique de la mer de Chine méridionale

Contexte historique des différends en mer de Chine méridionale

Les différends en mer de Chine méridionale trouvent leur origine dans des siècles d'activité maritime et de revendications concurrentes entre les puissances régionales. Depuis des millénaires, cette mer constitue une route commerciale vitale reliant l'Asie du Nord-Est au monde occidental. La Chine fonde ses revendications sur une histoire qui remonte à la dynastie des Han occidentaux au IIe siècle avant notre ère, lorsque des explorateurs ont navigué dans ces eaux et établi un sentiment d'appartenance historique sur les îles et les récifs.

Les conflits modernes se sont intensifiés au XXe siècle avec la montée du nationalisme après la fin de la domination coloniale en Asie du Sud-Est. Des pays comme la Chine, le Vietnam, les Philippines, la Malaisie et Brunei ont développé des points de vue divergents sur le territoire et l'histoire. La « ligne en neuf traits » revendiquée par la Chine couvre la quasi-totalité de la mer, reflétant son interprétation des liens historiques. Cependant, cela va à l'encontre du droit international, en particulier de la Convention des Nations unies sur le droit de la mer (CNUDM), qui protège les zones économiques exclusives (ZEE) des États côtiers.

En 2016, la Cour permanente d'arbitrage de La Haye a rejeté les revendications historiques générales de la Chine, jugeant qu'elles n'avaient pas de fondement juridique au regard de la CNUDM. Malgré cela, la Chine continue d'affirmer ses revendications par des actions militaires et la construction d'îles artificielles. Des puissances extérieures telles que les États-Unis compliquent encore la situation. Les États-Unis ne revendiquent aucun territoire, mais s'efforcent de préserver la liberté de navigation et de contrer les initiatives maritimes de la Chine, tout en soutenant les pays d'Asie du Sud-Est afin de maintenir la stabilité régionale.

Ces revendications historiques et ces intérêts géopolitiques qui se chevauchent créent un conflit complexe dans l'une des zones maritimes les plus importantes au monde sur le plan stratégique. (Kumari, 2024), (Mastro, 2021) et (Das, 2025).

Importance de la région pour le commerce et la sécurité mondiaux

La mer de Chine méridionale joue un rôle essentiel dans la géopolitique mondiale, influençant le commerce et la sécurité à l'échelle internationale. Elle constitue une voie de communication clé pour environ 21 % du commerce mondial, reliant les principaux marchés et soutenant les économies à travers le monde. Toute perturbation de ces voies maritimes pourrait avoir de graves répercussions économiques. La mer recèle également environ 105 milliards de barils de pétrole et 190 000 milliards de mètres cubes de gaz naturel, des ressources essentielles à la stabilité énergétique. Des pays comme la Chine, le Vietnam et les Philippines cherchent à accéder à ces réserves afin d'assurer leur indépendance énergétique et de soutenir leur croissance économique.

La Chine insiste sur le contrôle de zones telles que les îles Paracel et Spratly en raison de leur importance stratégique. En tant que l'un des plus grands consommateurs d'énergie, la Chine dépend de cette route pour près de 80 % de ses importations de pétrole. La protection de ces eaux contribue à préserver les voies d'approvisionnement, à renforcer sa présence militaire et à consolider ses revendications territoriales.

Les questions de sécurité ajoutent à la complexité de la région. Le chevauchement des revendications crée un environnement tendu et propice aux conflits. Les États-Unis mènent des opérations de liberté de navigation pour contester ce qu'ils considèrent comme des revendications maritimes excessives de la Chine, soutenant ainsi les pays d'Asie du Sud-Est qui contestent l'influence chinoise.

D'autres pays, comme le Japon et l'Inde, surveillent de près la mer de Chine méridionale en raison de leurs propres intérêts commerciaux et sécuritaires. Les actions combinées de ces acteurs créent un réseau géopolitique complexe, avec des partenariats et des rivalités qui façonnent les relations internationales actuelles (Cappelletti, 2024), (Kumari, 2024) et (Das, 2025).

Aperçu de la politique étrangère américaine en mer de Chine méridionale

Évolution historique de l'implication des États-Unis

L'implication des États-Unis en mer de Chine méridionale a débuté pendant la guerre froide, avec pour objectif principal de contenir l'influence communiste, en particulier celle de la Chine. Au départ, les États-Unis ont agi pour contrer l'expansion soviétique, en recourant à des efforts militaires au Vietnam pour soutenir cet objectif. L'établissement de relations diplomatiques avec la Chine en 1979 a modifié la politique américaine. Il a permis d'équilibrer les ambitions soviétiques et d'ouvrir des opportunités économiques avec la Chine.

À mesure que la puissance économique et militaire de la Chine s'est accrue à la fin du XXe siècle et au début du XXIe siècle, les inquiétudes concernant son assertivité dans les conflits régionaux se sont intensifiées. L'administration Obama a réagi en adoptant une stratégie de « pivot vers l'Asie », renforçant sa présence militaire et ses liens avec le Japon, l'Inde et le Vietnam. Cette stratégie reflétait la reconnaissance de l'influence croissante de la Chine et visait à protéger les intérêts américains dans le Pacifique occidental (Cuong et al., 2024).

Les administrations suivantes, issues des deux partis, ont adopté une position plus ferme. Elles ont contesté les revendications territoriales de la Chine en mer de Chine méridionale, considérant la Chine comme une puissance révisionniste qui tente de modifier les règles internationales et d'étendre son contrôle sur les zones voisines (Teixeira, 2019). Les États-Unis ont accru leurs opérations de liberté de navigation et renforcé leurs alliances en Asie du Sud-Est.

Les politiques américaines se sont concentrées non seulement sur le maintien de la stabilité, mais aussi sur le confinement de la montée en puissance de la Chine afin de préserver la domination américaine (Teixeira, 2019). Compte tenu des différends actuels sur les eaux et les ressources, les États-Unis resteront un acteur clé influençant la sécurité et l'équilibre régionaux.

Principales politiques et initiatives visant à contenir la Chine

Les États-Unis ont lancé diverses politiques visant à limiter l'influence de la Chine en mer de Chine méridionale, soulignant ainsi leur engagement en faveur de leur domination régionale. Au cœur de cet effort se trouve la stratégie indo-pacifique, qui s'appuie sur la politique antérieure de « pivot vers l'Asie ». Cette stratégie renforce les liens avec des partenaires tels que le Japon, l'Australie et l'Inde, principalement par le biais de groupes tels que le Quadrilateral Security Dialogue (QUAD) et l'AUKUS. Ces alliances visent à contrebalancer la puissance militaire croissante de la Chine et à maintenir un « ordre fondé sur des règles » axé sur la liberté de navigation et le respect des frontières territoriales.

Les États-Unis ont renforcé leur présence militaire avec des « opérations de liberté de navigation » (FONOP) qui contestent les revendications étendues de la Chine et garantissent des voies maritimes ouvertes pour le commerce mondial. Ces opérations envoient un message clair à Pékin et aux pays de la région, indiquant que les États-Unis considèrent les droits de navigation comme une question de sécurité essentielle, ce qui séduit les pays d'Asie du Sud-Est inquiets de l'assertivité de la Chine.

Washington encourage également la diplomatie multilatérale, en collaborant avec les pays de l'ASEAN pour améliorer la sécurité maritime et la coopération en matière de gestion des ressources. Cette approche diplomatique renforce les liens et positionne les États-Unis comme un médiateur visant à réduire les tensions et à encourager des solutions pacifiques.

Au-delà des actions militaires, les États-Unis ciblent l'initiative chinoise « Belt and Road Initiative » (BRI), craignant qu'elle ne crée une dépendance vis-à-vis de la Chine plutôt que des États-Unis. Ces mesures économiques visent à limiter l'influence régionale de Pékin en dénonçant et en contrant les pratiques coercitives.

La Chine accuse les États-Unis de provoquer des troubles et de forcer ses voisins à choisir leur camp plutôt que de rechercher des solutions coopératives. Les États côtiers sont donc confrontés à un défi : trouver un équilibre entre leur souveraineté et leurs relations avec les deux puissances.

Dans l'ensemble, la stratégie américaine vise à freiner les ambitions de la Chine en mer de Chine méridionale, à favoriser la sécurité collective et à affirmer le leadership américain dans la région. Voir (Bilal, 2025), (Teixeira, 2019), (Teixeira, 2019) et (Teixeira, 2019).

Réponse chinoise aux stratégies américaines dans la région

Perception des actions américaines comme une stratégie d'endiguement

Beaucoup considèrent la présence des États-Unis en mer de Chine méridionale comme un effort visant à contrer la puissance et l'assurance croissantes de la Chine. Les États-Unis considèrent depuis longtemps l'ascension de la Chine comme un défi à leur position mondiale. Des actions telles que les opérations de liberté de navigation (FONOP) défendent les règles maritimes internationales et renforcent le rôle des États-Unis contre l'expansion chinoise, en particulier dans le contexte des revendications contestées de Pékin sur une grande partie de la mer de Chine méridionale.

Les détracteurs affirment que la position des États-Unis est hypocrite, car ils ne revendiquent aucun territoire, mais s'opposent aux revendications de la Chine, qu'ils qualifient d'illégales. Selon (Teixeira, 2019), certains estiment que ces politiques visent davantage à bloquer l'influence de la Chine qu'à protéger les intérêts d'autres nations. Cette approche risque d'accroître les tensions au lieu de favoriser la coopération ou les résolutions pacifiques.

Les experts avertissent que ces tactiques d'endiguement pourraient se retourner contre les États-Unis en alimentant le ressentiment chinois et en compliquant leurs relations avec les pays d'Asie du Sud-Est pris entre deux feux.

L'idée selon laquelle les États-Unis recherchent la stabilité régionale est remise en question par ceux qui considèrent leurs actions comme des tentatives de maintenir leur domination plutôt que de promouvoir la paix ou la démocratie, comme le souligne (Teixeira, 2019).

La Chine considère les actions des États-Unis comme une ingérence injustifiée dans son territoire souverain. Cette perspective aggrave les divisions, déplaçant l'attention de la diplomatie vers les démonstrations de force militaires et les discours musclés, ce qui entrave le dialogue et la négociation.

Alors que les États-Unis affirment vouloir garantir la liberté de navigation et dissuader toute agression, nombreux sont ceux qui interprètent leur stratégie comme une tentative délibérée de limiter l'ascension mondiale de la Chine, ce qui affecte à la fois la stabilité régionale et l'ordre international au sens large.

Les objectifs stratégiques de la Chine en mer de Chine méridionale

Les ambitions de la Chine en mer de Chine méridionale découlent de son histoire, de ses objectifs économiques et de ses préoccupations en matière de sécurité. Au cœur de ces ambitions se trouve sa revendication de souveraineté sur une grande partie de la zone par le biais de la ligne en neuf traits, une frontière tracée dans les années 1940. Cette revendication affirme le rôle prépondérant de la Chine dans la région (Seth, 2024).

Sous la présidence de Xi Jinping, la Chine a modernisé son armée et renforcé sa présence navale dans la région.

La marine de l'Armée populaire de libération a renforcé ses capacités afin de projeter sa puissance et de protéger les intérêts de la Chine dans ces eaux stratégiques. La mer de Chine méridionale recèle d'importantes ressources naturelles telles que du pétrole et du gaz, de riches zones de pêche et des voies maritimes vitales qui traitent environ un tiers du commerce maritime mondial (Seth, 2024).

La stratégie économique de la Chine façonne également sa posture. L'initiative « Belt and Road » (BRI), lancée en 2013, vise à construire des infrastructures et à renforcer les liens économiques à travers l'Asie et au-delà. Cet effort améliore l'accès de la Chine aux marchés et sécurise ses relations avec les pays de la région en leur offrant des investissements et de l'aide (Ras, 2025). Grâce à ces relations étroites, Pékin cherche à réduire l'opposition et à promouvoir un environnement stable aligné sur ses objectifs.

La Chine utilise également la « tactique du chou », qui consiste à déployer des navires militaires, des garde-côtes et des bateaux de pêche autour des zones contestées afin d'affirmer son contrôle (Cappelletti, 2024). Cette approche empêche toute ingérence extérieure et montre la détermination de la Chine à défendre ses revendications.

En résumé, la Chine combine revendications historiques, renforcement militaire, initiatives économiques et manœuvres tactiques pour s'imposer comme la puissance dominante en mer de Chine méridionale.

Présence militaire et manœuvres des deux puissances

Opérations militaires américaines et exercices de liberté de navigation

Les États-Unis ont recours à des actions militaires et à des opérations de liberté de navigation (FONOP) pour contester les revendications territoriales étendues de la Chine en mer de Chine méridionale. Ces opérations défendent les droits maritimes internationaux et soulignent le principe de la liberté de navigation, essentiel au commerce et à la sécurité mondiaux. Les forces navales américaines font naviguer des navires et voler des avions dans les eaux revendiquées par la Chine, signalant ainsi l'engagement des États-Unis en faveur de l'ouverture des voies maritimes.

Alors que la Chine se montre de plus en plus affirmée, les États-Unis ont intensifié leurs activités FONOP, en particulier sous l'administration Trump, affichant ainsi une position plus ferme à l'égard des ambitions de Pékin (Skotsyk & Pokrovskaia, 2025). Des destroyers américains ont navigué à proximité des îles artificielles chinoises, frôlant parfois l'affrontement avec des navires chinois (Cappelletti, 2024). Ces missions ne sont pas seulement des démonstrations de force ; elles contribuent à empêcher un renforcement supplémentaire de la puissance militaire chinoise.

Les FONOP rassurent également les alliés régionaux tels que les Philippines et le Vietnam, préoccupés par la montée en puissance de la Chine (Kumari, 2024). Les États-Unis renforcent leurs liens grâce à des exercices militaires conjoints, axés sur la liberté de navigation et la sécurité collective afin de dissuader toute agression chinoise.

La Chine critique ces actions, les qualifiant de provocations qui perturbent la stabilité (America, 2002). Les responsables chinois accusent les États-Unis d'ingérence dans les affaires souveraines. Washington insiste toutefois sur le fait que ces opérations sont légales au regard du droit international et nécessaires pour préserver la liberté des routes maritimes.

Tout en défendant un ordre fondé sur des règles, les FONOP soulignent également la rivalité plus large entre les États-Unis et la Chine, opposant le respect des normes internationales aux efforts visant à modifier unilatéralement les frontières territoriales.

Activités de militarisation de la Chine dans les eaux contestées

La Chine a renforcé sa présence militaire en mer de Chine méridionale, suscitant l'inquiétude de ses voisins régionaux et des puissances mondiales. Depuis 2013, elle a ajouté plus de 3 200 acres de terres artificielles dans les îles Spratly, construisant des pistes d'atterrissage, des stations radar et des systèmes de missiles pour renforcer sa défense (voir Cappelletti, 2024). Cette expansion soutient l'objectif plus large de la Chine qui consiste à faire valoir ses revendications sur les zones maritimes délimitées par la ligne en neuf traits contestée.

La Chine utilise la « tactique du chou » en encerclant les

zones contestées avec des couches de bateaux de pêche, de garde-côtes et de navires militaires. Cela restreint l'accès des autres pays et affirme son contrôle, comme on l'a vu lors de l'affrontement de 2012 avec les Philippines à Scarborough Reef et des tensions actuelles près de l'île d'Ayungin (Cappelletti, 2024). La présence constante de navires chinois envoie un message physique et psychologique visant à décourager l'entrée des étrangers.

Les images satellites révèlent les améliorations continues apportées par la Chine à des îles telles que Woody Island, qui abrite des avions de combat et des systèmes de missiles de croisière avancés. Ces améliorations témoignent de la volonté de la Chine d'exercer son pouvoir sur les routes maritimes clés, avec l'aide de systèmes de surveillance modernes permettant de surveiller la zone (Das, 2025). Pékin affirme que ce renforcement protège la sécurité nationale et les voies maritimes vitales (Das, 2025). Cependant, les pays d'Asie du Sud-Est y voient une menace pour leur souveraineté et la stabilité régionale.

Les efforts diplomatiques se heurtent à des difficultés, car la Chine privilégie les discussions bilatérales tout en poursuivant son expansion militaire. Cette approche fait craindre que les discussions ne légitiment les revendications de la Chine sans aboutir à des solutions équitables.

Efforts diplomatiques et alliances dans la région

Partenariats avec les pays d'Asie du Sud-Est

Les pays d'Asie du Sud-Est occupent une position clé dans le paysage géopolitique complexe de la mer de Chine méridionale. Leurs alliances déterminent la réponse de la région à l'assertivité de la Chine et à l'influence stratégique des États-Unis. Ce groupe comprend des nations diverses, chacune ayant des liens économiques distincts avec la Chine et des positions différentes sur ses ambitions régionales. Par exemple, les membres de l'ASEAN tels que le Vietnam et les Philippines sont confrontés à des différends territoriaux directs avec la Chine, mais hésitent à soutenir pleinement les efforts de confinement des États-Unis en raison de leurs liens économiques étroits avec Pékin, comme le souligne (Kucukdegirmenci, 2023).

Le Vietnam illustre un exercice d'équilibre prudent. Il renforce sa défense grâce à des partenariats locaux et mondiaux tout en maintenant ses relations économiques avec la Chine. Selon (Cuong et al., 2024), le Vietnam a renforcé ses liens militaires avec les États-Unis pour contrer les actions chinoises dans les eaux contestées, mais il recherche également des solutions diplomatiques pour résoudre pacifiquement les conflits.

L'ASEAN joue un rôle crucial en recherchant l'unité face aux pressions extérieures. Cependant, certains membres privilégient une approche plus souple envers la Chine, tandis que ceux qui ont des revendications directes préconisent des mesures plus strictes. Cette division complique le consensus au sein de l'ASEAN et reflète les priorités propres à chaque pays, comme l'explique (Skotsyk & Pokrovskaia, 2025).

Les États-Unis tentent de se rapprocher de l'ASEAN par le biais de programmes économiques et de sécurité, afin de contrer l'initiative chinoise « Belt and Road ». Les préoccupations liées à la dette ont conduit certains pays à explorer des alternatives impliquant Washington. Des groupes de sécurité multilatéraux tels que le Quad, qui comprend les États-Unis, le Japon, l'Inde et l'Australie, soutiennent un Indo-Pacifique libre et renforcent la coopération avec l'Asie du Sud-Est contre une éventuelle assertivité chinoise.

Les alliances militaires restent importantes, mais l'Asie du Sud-Est doit maintenir des relations diplomatiques à la fois avec la Chine et les États-Unis. Le Vietnam illustre bien cette combinaison d'alliances de défense et d'engagement économique, comme le montre (Cuong et al., 2024). La capacité de la région à gérer les différends historiques, les revendications territoriales et les intérêts économiques déterminera en grande partie la paix et la stabilité de cette zone maritime vitale (Cuong et al., 2024).

Les organisations régionales et leur rôle dans la résolution des conflits

Les groupes régionaux jouent un rôle crucial dans la réduction des tensions en mer de Chine méridionale, l'ASEAN servant de plateforme clé. Les revendications conflictuelles et les actions affirmées de la Chine rendent la diplomatie conjointe de l'ASEAN essentielle pour promouvoir le dialogue entre ses membres. Cependant, les priorités nationales divergentes et la dépendance variable à l'égard de la Chine limitent la capacité de l'ASEAN à répondre collectivement aux défis régionaux.

Depuis plus de vingt ans, l'ASEAN s'efforce d'élaborer un code de conduite pour gérer les différends. Cet effort témoigne de la volonté de coopération, mais révèle également la difficulté à unir les membres. Des pays comme le Vietnam et les Philippines sont favorables à une approche plus ferme à l'égard des actions de la Chine, tandis que d'autres procèdent avec prudence afin de protéger leurs liens économiques avec Pékin, ce qui illustre le défi que représente pour l'ASEAN la recherche d'un équilibre entre les intérêts individuels et l'action collective, comme l'explique (Bautista, 2024). La capacité de l'ASEAN à former un front uni solide reste incertaine.

Récemment, les ministres des Affaires étrangères de l'ASEAN ont insisté sur la paix et la retenue dans un contexte d'affrontements croissants avec la Chine. Une déclaration du 30 décembre 2023 a mis l'accent sur des solutions pacifiques fondées sur le droit international, y compris la CNUDM. Ces déclarations peuvent encourager un dialogue plus large, mais elles révèlent également la difficulté de l'ASEAN à élaborer des accords efficaces.

Les partenariats avec des puissances extérieures renforcent l'influence de l'ASEAN. Les États-Unis ont intensifié leur engagement en Asie du Sud-Est par le biais de leur stratégie indo-pacifique visant à contrer la Chine, avec des alliances telles que le Dialogue quadrilatéral sur la sécurité qui fournissent des cadres de sécurité, comme décrit dans (Bilal, 2025). Cette coopération renforce la capacité de l'ASEAN à régler les différends.

Néanmoins, la préférence de la Chine pour les discussions bilatérales complique les efforts multilatéraux, une tactique de division pour mieux régner mise en évidence dans (Cuong et al., 2024). Les différends relatifs aux ressources intensifient encore les tensions, les pays cherchant à se développer tout en défendant leurs revendications.

Les progrès dépendent de la manière dont sont gérés les intérêts politiques et les pressions extérieures. Le renforcement de la coordination interne de l'ASEAN ou un partenariat plus étroit avec des pays partageant les mêmes idées pourraient favoriser un ordre fondé sur des règles qui réduirait les tensions en mer de Chine méridionale (Cuong et al., 2024).

Dimensions économiques du conflit en mer de Chine méridionale

Problèmes liés à l'exploration et à l'exploitation des ressources

La mer de Chine méridionale est riche en pétrole, en gaz naturel et en poissons, ce qui la rend vitale pour des pays comme la Chine, le Vietnam et les Philippines. Les experts estiment que les fonds marins recèlent environ 11 milliards de barils de pétrole non découvert et près de 190 000 milliards de pieds cubes de gaz naturel, ce qui souligne son importance pour l'énergie et la croissance économique, comme le note (Das, 2025).

Les différends découlent principalement de la revendication chinoise de la « ligne en neuf traits », qui couvre près de 90 % de la mer et entre en conflit avec les zones économiques exclusives (ZEE) du Vietnam et des Philippines. Selon (Dang, 2025), ces revendications qui se chevauchent entravent le développement conjoint des ressources et exacerbent les tensions. Les pays concernés ont renforcé leur présence militaire tout en poursuivant les négociations diplomatiques afin de protéger leurs droits sur les ZEE.

Le Vietnam procède à la récupération de terres dans les îles Spratly et renforce ses postes militaires, comme indiqué dans (Cappelletti, 2024). Les Philippines renforcent leur emprise sur l'île de Thitu pour des raisons similaires. Ces mesures témoignent d'une stratégie axée sur la défense de leurs revendications et la préparation à d'éventuels conflits avec la Chine.

La Chine vise à contrôler les principales routes maritimes, par lesquelles transite environ un tiers du trafic maritime mondial, représentant plus de 3 000 milliards de dollars par an, comme décrit dans (Turker, 2025). Le contrôle de la mer reflète la fierté nationale, la sécurité et la concurrence géopolitique dans un contexte de montée du nationalisme.

Certains proposent une exploration conjointe des ressources afin de réduire les conflits. Cependant, les accords passés, tels que ceux conclus entre la Malaisie et le Vietnam, ont donné des résultats mitigés en raison de différends souverains, comme l'explique (Swaine, 2015). Les progrès futurs nécessiteront des négociations minutieuses qui équilibrent les intérêts nationaux et favorisent la coopération.

Impact sur les routes commerciales mondiales et la stabilité économique

La mer de Chine méridionale représente plus d'un tiers du commerce maritime mondial, avec un trafic annuel de marchandises d'une valeur supérieure à 3 000 milliards de dollars. Cette zone relie les principales économies asiatiques aux marchés d'Europe, d'Afrique et des Amériques, soutenant ainsi les chaînes d'approvisionnement mondiales et la stabilité économique (Turker, 2025).

Les tensions se sont accrues en raison des différends entre les États-Unis et la Chine concernant les revendications territoriales et les droits maritimes. Les États-Unis ont intensifié leurs opérations de liberté de navigation (FONOP) afin de contester les revendications étendues de la Chine, en particulier celles fondées sur la ligne en neuf traits. Ces actions visent à maintenir les voies maritimes ouvertes, mais soulignent également la fragilité de la paix dans la région (Seth, 2024).

Le renforcement militaire de la Chine, notamment par la construction d'îles artificielles et le stationnement de forces dans les zones contestées, menace à la fois la stabilité régionale et les intérêts maritimes mondiaux. Cette situation complique les relations diplomatiques entre les pays qui dépendent de ces routes commerciales et énergétiques vitales (Kumari, 2024).

Si les conflits s'intensifient, les compagnies maritimes pourraient être confrontées à une augmentation des coûts d'assurance et à des itinéraires plus longs, ce qui entraînerait une hausse des dépenses pour les consommateurs du monde entier. L'industrie de la pêche de la région souffre également des activités agressives de la Chine, qui réduisent les populations de poissons et provoquent des affrontements. La mer de Chine méridionale fournissant environ 12 % des prises mondiales, ces tensions mettent en danger les moyens de subsistance locaux et affectent des réseaux économiques plus larges.

En résumé, l'instabilité dans cette région menace non

seulement les acteurs régionaux, mais aussi l'économie mondiale, en mettant en péril des routes commerciales essentielles au commerce international.

Scénarios futurs : issues possibles dans la dynamique géopolitique

Tendances à l'escalade ou à la désescalade des tensions régionales

La mer de Chine méridionale reste une zone de tension en raison des revendications territoriales qui s'y chevauchent et des intérêts stratégiques concurrents. La Chine, ses voisins d'Asie du Sud-Est comme les Philippines et les États-Unis se disputent tous le contrôle des droits et des ressources maritimes. Les États-Unis mènent des « opérations de liberté de navigation » (FONOP) pour contester les revendications de la Chine et soutenir leurs alliés régionaux, comme expliqué ci-dessus. Cela accroît les frictions et augmente le risque de conflit.

Les récents affrontements entre les navires des garde-côtes chinois et les navires philippins soulignent le danger d'une escalade rapide de conflits mineurs. La présence militaire croissante de la Chine amplifie ces risques, les incidents devenant plus fréquents, selon (Turker, 2025). De tels incidents pourraient involontairement déclencher un conflit plus large.

Malgré les tensions, Washington et Pékin mettent l'accent

sur le dialogue afin d'éviter une escalade. Les États-Unis reconnaissent que le maintien de canaux de communication clairs est essentiel pour éviter les conflits accidentels. Les discussions en cours visent à renforcer les contacts entre les armées, comme le souligne (Bicker, 2024), ce qui témoigne d'une compréhension commune de la nécessité de contrôler les provocations.

Cependant, de forts intérêts stratégiques continuent d'alimenter les tensions. La Chine insiste sur sa souveraineté territoriale et étend son influence grâce à des initiatives telles que la Belt and Road, mentionnée dans la section 3.2. Les États-Unis s'opposent à ces efforts, créant un cycle d'actions et de réactions qui entrave une paix durable.

Le droit international, en particulier les principes de la CNUDM mentionnés dans (Bautista, 2024), joue un rôle majeur. Les États-Unis défendent ces normes contre ce qu'ils considèrent comme le révisionnisme de la Chine, ce qui incite cette dernière à réagir de manière assertive plutôt qu'à battre en retraite.

L'avenir de la mer de Chine méridionale dépend de la manière dont toutes les parties parviendront à équilibrer leurs objectifs dans le contexte de la rivalité entre les États-Unis et la Chine. Si les pourparlers laissent entrevoir une lueur d'espoir, les pressions nationalistes et stratégiques rendent la situation dans la région imprévisible.

Le rôle du multilatéralisme dans l'atténuation des conflits

Le multilatéralisme joue un rôle important dans la réduction des tensions en mer de Chine méridionale, où les conflits d'intérêts nationaux créent de graves risques pour la paix régionale. Les frictions croissantes entre les États-Unis et la Chine rendent la coopération entre les pays concernés encore plus urgente. Comme indiqué précédemment, des alliances telles que le QUAD et l'AUKUS s'efforcent de contrebalancer l'affirmation croissante de la Chine et de renforcer la sécurité collective.

Malgré ces alliances, la diplomatie multilatérale est confrontée à des défis en raison des divisions au sein de l'ASEAN. Bien que l'ASEAN vise à élaborer un code de conduite avec la Chine pour gérer les différends, les progrès sont lents car les États membres ont des priorités différentes et la Chine reste assertive, selon (Kumari, 2024, pp. 1-5)[3]. L'unité de l'ASEAN s'affaiblit car certains membres entretiennent des liens économiques et sécuritaires étroits avec la Chine.

De nouvelles approches diplomatiques sont nécessaires. (Bautista, 2024) suggère que les cadres existants sont insuffisants. Les nations devraient plutôt se concentrer sur la retenue stratégique et le dialogue ouvert afin de redéfinir leurs points de vue sur la souveraineté et les droits maritimes. Cela pourrait aider des pays comme le Vietnam, la Malaisie et les Philippines à mieux collaborer avec les puissances extérieures tout en évitant une escalade.

Les exercices militaires conjoints impliquant les États-Unis, le Japon, l'Australie et les pays d'Asie du Sud-Est renforcent les partenariats et mettent l'accent sur la liberté de navigation, comme indiqué ci-dessus. Ces exercices améliorent la communication et la préparation afin d'éviter les malentendus.

Le droit international, en particulier la CNUDM, est essentiel pour traiter les différends maritimes, mais l'application des règles reste difficile. Le refus de la Chine de se soumettre à l'arbitrage complique la situation, comme le souligne

(Kumari, 2024). Les plateformes multilatérales donnent aux petits États une voix plus forte contre les actions unilatérales des grandes puissances.

Selon Turker (2025), des acteurs extérieurs tels que le Japon et l'Inde renforcent leur implication, transformant la mer de Chine méridionale en une arène d'influence complexe. Cette complexité souligne la nécessité d'un dialogue multilatéral inclusif et pacifique.

En conclusion, un multilatéralisme efficace nécessite l'engagement des partenaires régionaux et mondiaux. L'instauration d'un climat de confiance et le respect du droit international peuvent réduire les tensions et permettre de gérer les différends de manière constructive. Sans efforts concertés, il sera beaucoup plus difficile de prévenir les conflits.

Conclusion : implications pour les relations internationales et la politique de sécurité

La mer de Chine méridionale est un point chaud majeur en raison de la rivalité entre les États-Unis et la Chine, qui façonne les politiques de sécurité et les relations mondiales. Les différends sur les droits énergétiques et de pêche sont source de tensions et menacent la paix régionale. Cette zone est une route commerciale vitale, de sorte que tout conflit pourrait perturber les économies au-delà de l'Asie de l'Est.

Les États-Unis ont tenté de contenir l'influence croissante de la Chine par le biais de diverses politiques. Cependant, de nombreux pays d'Asie du Sud-Est considèrent ces mesures américaines comme unilatérales, ce qui complique la diplomatie. Les détracteurs affirment que cette approche pourrait approfondir les divisions plutôt que favoriser la coopération.

L'expansion militaire et les revendications territoriales de la Chine constituent également un défi pour les négociations. La Chine recherche les avantages économiques nécessaires pour assurer son leadership régional. Cette situation nécessite de repenser les rapports de force et les stratégies d'engagement.

Le multilatéralisme est important pour gérer les conflits dans cette région, avec des organisations telles que l'ASEAN qui contribuent à régler les différends et à faire respecter les lois internationales telles que la CNUDM. Des partenariats régionaux plus solides permettent d'équilibrer les actions unilatérales susceptibles d'accroître les tensions.

L'intensification des conflits pourrait remodeler les cadres de sécurité mondiaux, avec le risque que les États-Unis se concentrent sur l'Asie et négligent d'autres régions, comme le souligne (@ClingendaelInstitute & , 2025). Malgré les conflits d'intérêts nationaux et les questions historiques (Turker, 2025), il reste un espoir de coopération pour transformer les relations en Asie-Pacifique. Les efforts diplomatiques et l'instauration d'un climat de confiance peuvent améliorer les chances de paix et de stabilité.

En fin de compte, pour naviguer dans cette situation complexe, il faut privilégier la coopération plutôt que la confrontation, tout en respectant les objectifs de chaque nation dans cette zone maritime cruciale (Das, 2025).

★★★

Abdul Rivai Ras. (2025). LA DYNAMIQUE GÉOPOLITIQUE DE LA MER DE CHINE MÉRIDIONALE ET LA SÉCURITÉ MARITIME DE L'INDONÉSIE : UNE ANALYSE POLITIQUE DE LA DÉFENSE. https://jurnal.unpad.ac.id/sosiohumaniora/article/download/64461/25870

Nandini Kumari. (2024). LA DYNAMIQUE GÉOPOLITIQUE DE LA MER DE CHINE MÉRIDIONALE. https://www.ijnrd.org/papers/IJNRD2411027.pdf

Nguyen Manh Cuong, Kaddour Chelabi, Safia Anjum, Navya Gubbi Sateeshchandra, Svitlana Samoylenko, Kangwa Silwizya et Tran Nghiem. (2024). La concurrence mondiale entre les États-Unis et la Chine et le dilemme des choix stratégiques du Vietnam dans le conflit en mer de Chine méridionale. https://hsd.ardascience.com/index.php/journal/article/download/550/139/1738

Amb Manju Seth. (2024). Implications géopolitiques des différends en mer de Chine méridionale. https://diplomatist.com/2024/09/27/geopoliticalimplicationsofthesouthchinaseadisputes/

Dr Hasim Turker. (2025). Échiquier maritime : la dynamique géopolitique de la mer de Chine méridionale. https://www.geopoliticalmonitor.com/maritime-chessboard-the-geopolitical-dynamics-of-the-south-china-sea/

Oriana Skylar Mastro. (2021). Comment la Chine contourne les règles en mer de Chine méridionale. https://www.lowyinstitute.org/the-interpreter/how-china-bending-rules-south-china-sea

Ankita Das. (2025). Dynamique géopolitique de la mer de Chine méridionale. https://www.ijirmf.com/wp-content/uploads/IJIRMF202503018-min.pdf

Victor Teixeira. (2019). La stratégie américaine d'endiguement de la Chine et le conflit en mer de Chine méridionale. https://cejiss.org/images/issue_articles/2019-volume-13-issue-3/08-teixera.pdf

Lorenzo Cappelletti. (2024). La mer de Chine méridionale : un paysage historique et géopolitique complexe. https://pppescp.com/2024/12/09/the-south-china-sea-a-complex-historical-and-geopolitical-landscape/

Oktay Kucukdegirmenci. (2023). La stratégie américaine d'endiguement de la Chine vouée à l'échec. https://www.isdp.eu/u-s-strategic-containment-of-china-destined-to-fail/

Dr Lowell Bautista. (2024). Tensions croissantes en mer de Chine méridionale : les calculs stratégiques en jeu. https://www.internationalaffairs.org.au/australianoutlook/rising-tensions-in-the-south-china-sea-the-strategic-calculations-at-play/

Vitaliy Skotsyk et Tatiana Pokrovskaia. (2025). Construire l'économie ukrainienne grâce à la bioéconomie régénérative. Entretiens. https://www.wgi.world/u-s-containment-of-china-a-unifying-geopolitical-outlier-amid-a-fractured-country/

@ClingendaelInstitute et . (2025). Les tensions en mer de Chine orientale et méridionale | Clingendael. https://www.clingendael.org/publication/east-and-south-china-sea-tensions

Laura Bicker. (2024). Les tensions en mer de Chine méridionale obligent les États-Unis et Pékin à intensifier le dialogue. https://www.bbc.com/news/articles/cqvvxzv24pqo

Lan Anh Nguyen Dang. (2025). Développement conjoint et stratégies de négociation de la Chine en mer de Chine orientale et méridionale. https://www.jiia.or.jp/jic/2025/08/2025-08-05-02.pdf

VOA - Voice of America. (2002). Les tensions entre les États-Unis et la Chine s'intensifient dans le conflit en mer de Chine méridionale. https://learningenglish.voanews.com/a/us-china-tensions-rise-in-south-china-sea-dispute/5502656.html

Michael D. Swaine. (2015). Le rôle des États-Unis en matière de sécurité en mer de Chine méridionale. Khanzada Bilal. (2025). Dynamique géostratégique de la mer de Chine méridionale. https://issra.pk/insight/2025/geostrategic-dynamics-of-the-south-china-sea/insight.html

7
Façades de substitution et attrition stratégique
Mécanismes de la politique d'équilibre des pouvoirs

Introduction aux fronts par procuration : aperçu conceptuel

Les fronts par procuration jouent depuis longtemps un rôle important dans le façonnement de la scène géopolitique, car ils ont toujours été utilisés comme l'un des outils essentiels dont ont besoin les États élitistes puissants. Cette section explore les fondements théoriques et la pertinence des fronts par procuration en tant qu'outils de stratégie géopolitique, en se concentrant sur leur contexte historique tout en affirmant leur importance dans les jeux modernes des relations internationales. Au fond, le concept de fronts par procuration implique de tirer pleinement parti de ces mandataires pour poursuivre les intérêts stratégiques des grandes puissances. Le recours à des mandataires permet aux États d'exercer leur influence et leur pouvoir, en poursuivant leurs intérêts sur la base d'un déni plausible et d'une ambiguïté stratégique (Silove 2018). Ce côté sinistre des choses permet également de jouer sur les conflits et les calculs d'équilibre des pouvoirs dans les zones sensibles sans entrer directement dans des hostilités ouvertes qui pourraient conduire à une escalade ou à une implication plus large.

Contexte historique des fronts par procuration La compréhension du contexte historique aide à expliquer la dynamique complexe et multiforme des fronts par procuration. Comme nous le savons tous, tout au long de la guerre froide, les grandes puissances ont mené des jeux de pouvoir mondiaux à travers des guerres par procuration qui utilisaient des États clients, des mouvements rebelles et d'autres acteurs non étatiques comme instruments pour élargir leurs sphères d'influence, contenir leurs ennemis et manipuler les relations de pouvoir régionales (Gaddis 2005). Les exemples les plus marquants sont l'implication soviétique dans les mouvements révolutionnaires régionaux et le soutien américain aux groupes anticommunistes. L'histoire nous rappelle que les fronts par procuration restent des éléments clés de la politique d'État, même à l'ère moderne.

En outre, avec l'introduction conceptuelle des fronts par procuration, nous devons nous pencher sur leur dynamique opérationnelle et leurs effets stratégiques. Les mandataires agissent comme des multiplicateurs de force et fournissent aux États un moyen de projeter leur puissance et de mener des opérations clandestines à distance, tout en pouvant nier leur implication. Ils agissent comme des perturbateurs, compliquant et aggravant les conflits existants ou en déclenchant de nouveaux dans l'intérêt de leurs commanditaires. Cela contribue souvent à approfondir les lignes de fracture régionales, à alimenter les tensions et à accroître l'usure stratégique dans le cadre d'un jeu plus large de politique d'équilibre des pouvoirs.

En fin de compte, le concept même de fronts par procuration représente un lien délicat entre la géopolitique, la stratégie et les manœuvres secrètes qui démontre leurs mérites inhérents en tant qu'instruments permettant d'atteindre des objectifs stratégiques avec un risque direct minimal. Par conséquent, il est essentiel de saisir ces éléments pour expliquer la dynamique géopolitique actuelle et comprendre les stratégies complexes d'influence et de projection de puissance qui s'entremêlent à travers les fils des fronts par procuration.

Les mandataires dans le jeu de l'équilibre des pouvoirs pendant la guerre froide : contexte historique

La guerre froide a représenté une période déterminante dans la politique d'équilibre des pouvoirs, qui a vu les États-Unis et l'Union soviétique s'engager dans une compétition stratégique sur plusieurs fronts à travers le monde (Brands 2022). Cette compétition a conduit les deux parties à manipuler des entités tierces en tant que mandataires dans le but de poursuivre des objectifs stratégiques sans entrer en conflit ouvert. Le concept de ce type de guerre était que les superpuissances soutiendraient des pays ou des entités tiers opposés dans le but de poursuivre leurs propres intérêts, mais sans s'impliquer directement dans une confrontation directe. La multiplication des guerres par procuration a eu un impact sur la stabilité mondiale, affectant les enjeux des relations internationales et régionales. Par exemple, pendant la guerre de Corée, les combattants communistes ont été directement aidés par l'URSS et la Chine, tandis que les États-Unis soutenaient la Corée du Sud. De même, au Vietnam, le conflit entre le Nord et le Sud a été considérablement compliqué par l'implication des superpuissances extérieures. Le recours à des mandataires ne s'est pas limité aux conflits armés, mais s'est également étendu aux sphères économique, politique et idéologique, remettant en cause de multiples façons l'ordre mondial bipolaire.

Le contexte de la guerre froide plante le décor et constitue une toile de fond essentielle, soulevant et répondant à des questions sur les raisons pour lesquelles les fronts par procuration continuent d'occuper une place si importante dans la géopolitique du XXIe siècle. Il met en évidence la réflexion stratégique des grandes puissances et leur recours à des mesures indirectes pour faire valoir leurs intérêts, tout en atténuant les risques d'une confrontation directe. Les échos historiques complexes et byzantins de ces opérations par procuration persistent dans les formations géopolitiques contemporaines, nous rappelant que l'armature de la guerre froide conserve une présence significative dans notre ordre mondial actuel.

Le champ géopolitique moderne : repérer les fronts par procuration d'aujourd'hui

Dans le monde complexe de la politique mondiale, les relations géographiques actuelles constituent un terrain fertile pour les guerres par procuration. Les fronts par procuration d'aujourd'hui sont un enchevêtrement complexe d'intérêts particuliers, les puissances régionales et mondiales se disputant l'influence et le contrôle par l'intermédiaire de substituts locaux. En effet, la nature complexe des conflits du XXIe siècle et l'équilibre délicat qui définit leurs structures d'alliance, leurs rivalités et leurs intérêts stratégiques rendent plus difficile l'identification de ces fronts par procuration modernes (Porter 2020).

Une manière utile d'identifier les fronts par procuration ici et maintenant consiste à examiner où la politique de puissance est en pleine mutation. Les anciennes alliances et inimitiés ont changé, de nouveaux alliés ont été trouvés et d'anciennes animosités ont été ravivées. Cela a conduit au développement de guerres par procuration, dans lesquelles des États et des acteurs non étatiques se battent au nom de sponsors étrangers plus puissants.

De plus, la croissance des acteurs non étatiques et des tactiques de guerre hybrides a brouillé la distinction entre conflits réguliers et irréguliers, rendant floue la frontière entre implication directe et soutien par procuration. Dans le monde actuel, reconnaître les nouvelles armes de la guerre par procuration nécessite de voir au-delà de ces frontières floues et d'identifier ceux qui dictent les motivations et les acteurs.

L'autre dimension importante à prendre en compte pour déchiffrer les fronts par procuration actuels est celle des tendances et des conflits idéologiques. Faisant écho au passé, les schismes idéologiques sont revenus au premier plan en tant que moteurs de la concurrence, avec des discours divergents qui influencent la dynamique des conflits par procuration. Il est important de comprendre le contexte idéologique qui sous-tend ces batailles : cela nous aide à délimiter les lignes de front des guerres par procuration actuelles.

En outre, l'impact de la technologie et de la guerre de l'information a remodelé le caractère des guerres par procuration à notre époque. Les cyberopérations, les campagnes de désinformation et la coercition économique sont de plus en plus présentes dans les conflits par procuration, ce qui rend plus difficile l'identification et l'analyse des fronts par procuration contemporains (Mazarr 2019).

Une grande partie de la carte géopolitique sur laquelle nous nous trouvons actuellement, et les fronts par procuration actuels à identifier, restent un effort global combinant politique, économie, société et technologie. En démêlant l'écheveau complexe des intérêts et des conflits interdépendants, nous pouvons en apprendre beaucoup sur le monde toujours plus complexe de la guerre par procuration et sur ce qu'il signifie pour la sécurité et l'ordre mondiaux.

Mécanismes d'usure stratégique : stratégie et effets

La stratégie d'attrition est un concept ancien de la politique d'équilibre des pouvoirs, utilisé comme tactique pour épuiser les ennemis au fil du temps et créer les conditions propices à la réalisation d'objectifs stratégiques. Ce chapitre examine certaines des dynamiques complexes de l'attrition stratégique et les différentes stratégies et effets qui en ont découlé. L'attrition stratégique repose essentiellement sur l'affaiblissement progressif de la force, de la détermination et de la capacité de l'ennemi à résister et à poursuivre le combat. Une stratégie primordiale à cet égard consiste à recourir à la guerre asymétrique, c'est-à-dire à utiliser des moyens non conventionnels pour compenser les disparités de puissance entre les forces opposées. Il peut s'agir d'insurrections et de guérillas, de sanctions économiques, ainsi que d'opérations cybernétiques visant à saper la volonté ou la capacité de l'adversaire (Biddle 2004).

En outre, la perturbation des chaînes d'approvisionnement et de l'accès aux ressources constitue un autre élément important de l'attrition stratégique. Les partisans de cette approche souhaitent priver l'adversaire de ces capacités en entravant les voies d'approvisionnement cruciales et en créant des difficultés économiques. Les conséquences de l'attrition stratégique sont complexes, et sa cause crée à la fois un effet d'équilibre des pouvoirs et d'autres niveaux, avec des actions intentionnelles et non intentionnelles qui modifient la configuration géopolitique. Bien qu'en théorie, on puisse imaginer un affaiblissement progressif de la puissance de l'adversaire permettant d'obtenir un avantage stratégique, les événements ne se déroulent pas toujours de manière aussi simple dans la réalité. Des crises humanitaires involontaires, une condamnation internationale et une instabilité accrue dans la région pourraient résulter de campagnes d'attrition à long terme, ce qui nécessiterait une évaluation nuancée des risques et des politiques d'atténuation des risques.

Plus généralement, la mise en œuvre réussie d'une stratégie d'usure peut remodeler les relations de pouvoir et, par conséquent, les alliances, les coalitions et la perception mondiale de l'influence. Par conséquent, les observateurs et les praticiens doivent aborder les campagnes d'usure soutenues avec prudence et rester attentifs à l'évolution de la dynamique géopolitique. En gardant ces mises en garde à l'esprit, l'accent mis sur l'attrition stratégique constitue une réflexion nuancée sur le pouvoir, les ressources et la résilience au service des intérêts nationaux. Grâce à une analyse systématique et détaillée des méthodes et des résultats liés à cette stratégie ancestrale, les intellectuels et les décideurs politiques acquièrent ainsi une compréhension importante des subtilités de l'art de gouverner moderne et du réglage fin du pouvoir dans la géopolitique contemporaine.

Études de cas : campagnes par procuration réussies ou échouées

Les guerres par procuration sont depuis longtemps un élément essentiel de la géopolitique mondiale, servant souvent les priorités stratégiques des grandes puissances. Les exemples d'engagements par procuration réussis et échoués offrent des enseignements précieux sur les nuances et les conséquences de ces luttes asymétriques. Il y a beaucoup à apprendre sur les causes des résultats des conflits par procuration en examinant à la fois les anciens et les nouveaux (Sestanovich 2014).

Cependant, la guerre par procuration peut être extrêmement fructueuse : la campagne soviétique en Afghanistan dans les années 1980 est un exemple clair de la manière dont une stratégie par procuration peut permettre d'atteindre des objectifs géopolitiques clés. D'autre part, les engagements par procuration infructueux, comme le soutien américain aux forces antigouvernementales en Syrie, nous montrent à quel point cette stratégie peut être peu fiable et comporter ses propres dangers stratégiques. Ces études de cas illustrent l'importance des dynamiques locales, du soutien extérieur et du chevauchement des intérêts stratégiques parmi les facteurs déterminants de la réussite ou de l'échec des engagements par procuration.

En dressant le bilan des conflits par procuration au Moyen-Orient et en Asie du Sud, il apparaît clairement que ces affrontements s'inscrivent toujours dans une dynamique régionale complexe. Les guerres par procuration au Yémen, où l'Arabie saoudite et l'Iran soutiennent des camps opposés, témoignent de l'implication profonde des puissances régionales dans l'utilisation de mandataires pour atteindre leurs objectifs généraux. En Asie du Sud également, l'Inde et le Pakistan soutiennent depuis des décennies des militants dans leur lutte acharnée pour l'influence en général et le conflit au Cachemire en particulier. Il est essentiel d'expliquer ces dynamiques régionales pour comprendre le réseau complexe d'intérêts et d'alliances qui sous-tend les guerres par procuration.

Il s'ensuit que les implications des progrès technologiques pour la guerre par procuration doivent être analysées en détail. La guerre de l'information, les cyberopérations et l'utilisation de la désinformation comme arme sont devenues des outils puissants pour influencer l'issue des conflits par procuration. L'utilisation de ces technologies modifie considérablement la nature de ces conflits, et l'attribution et la gestion de l'escalade sont difficiles tant pour les parties étatiques que non étatiques.

En analysant une série de guerres par procuration en Argentine et en Perse, IZA Factor montre que ces luttes asymétriques nécessitent une prise de décision nuancée entre nécessité stratégique et intérêts éthiques. Le coût humain des guerres par procuration, en particulier les souffrances et les déplacements de civils, ajoute une couche importante de complexité à l'analyse. Le bilan humain et les implications morales des guerres par procuration sont essentiels pour favoriser des politiques éclairées et durables dans un monde de plus en plus interconnecté.

Rencontres régionales et exemples tirés de la région MESA (Moyen-Orient et Asie du Sud)

Le Moyen-Orient, et en particulier l'Asie du Sud, sont au cœur du paysage des guerres par procuration, offrant un exemple riche d'interconnexions géopolitiques et de machinations. Au Moyen-Orient, les guerres par procuration en Syrie, au Yémen et en Irak témoignent d'un enchevêtrement complexe d'alliances, de rivalités et d'interventions de la part d'acteurs régionaux et internationaux. Parmi ces complications, il convient de mentionner le rôle joué par des puissances historiques telles que l'Arabie saoudite, l'Iran et la Turquie, ainsi que celui de puissances extérieures telles que les États-Unis et la Russie. De même, en Asie du Sud, la rivalité historique entre l'Inde et le Pakistan a donné lieu à des guerres par procuration au Cachemire et en Afghanistan, perpétuant un cycle de concurrence alimenté par les conflits. Il s'agit là de reflets régionaux de la complexité de la guerre par procuration, illustrant son interaction avec les animosités historiques, les ambitions géopolitiques et les besoins en matière de sécurité.

Réexaminer la dynamique régionale Ce n'est qu'après avoir examiné ces spécificités régionales que l'on peut avoir une vision plus claire du calcul stratégique et de la possibilité d'une escalade, ce qui souligne la nécessité de replacer les conflits locaux dans un contexte plus large. La nature secrète et complexe des guerres par procuration nécessite un examen détaillé de leurs dimensions géopolitiques, socio-économiques et militaires. En effet, la compréhension des particularités régionales a des implications importantes pour ceux qui tentent de comprendre l'environnement géopolitique global et d'apporter une contribution précieuse à l'élaboration des politiques et à l'analyse stratégique tant au niveau régional que mondial (Van Evera 1997). L'interaction entre les intérêts régionaux et extra-régionaux concurrents illustre encore davantage la multidimensionnalité complexe et les implications en termes de retombées qui exigent une stratégie holistique de gestion des conflits.

En examinant de plus près les conditions locales de ces guerres par procuration au Moyen-Orient et en Asie du Sud, on découvre un réseau complexe d'intérêts contradictoires, d'alliances conflictuelles et de dépassements stratégiques qui peuvent servir de microcosme aux luttes actuelles des puissances mondiales. Il est essentiel de comprendre l'interaction complexe de ces dynamiques pour élaborer des politiques efficaces visant à réduire les conflits, à favoriser la stabilité et à protéger les intérêts nationaux et transnationaux essentiels.

Technologies de guerre par procuration : information, cyberespace et au-delà

Compte tenu du contexte actuel des guerres par procuration, le champ de bataille est passé des champs de bataille conventionnels aux champs de bataille non conventionnels. Les acteurs contemporains de la guerre par procuration exploitent désormais également un arsenal de haute technologie pour promouvoir leurs agendas stratégiques, les domaines de l'information et du cyberespace prenant une importance croissante. L'influence de la désinformation et de la propagande pour contrôler le discours et influencer l'opinion publique est tout simplement considérable. Les belligérants utilisent les réseaux sociaux, les agences de presse et d'autres médias pour diffuser des informations erronées ou des mensonges purs et simples qui contribuent à semer la confusion et à attiser la discorde. Cette guerre de l'information est désormais une caractéristique essentielle des conflits par procuration contemporains, avec des conséquences graves pour la stabilité et les attitudes régionales.

En outre, le domaine de la cyberguerre est devenu un instrument puissant utilisé par les acteurs par procuration pour interférer avec, pénétrer ou saboter les infrastructures et les systèmes de communication ennemis. L'utilisation de logiciels malveillants, les attaques par déni de service distribué (DDoS) et les piratages informatiques commandités par des États sont les « tactiques sournoises » utilisées dans ce domaine secret. L'environnement cybernétique étant très interconnecté, les pays sont en réalité vulnérables aux cyberattaques menées par des acteurs par procuration (Mazarr 2019).

La guerre technologique a dépassé les arènes traditionnelles de la guerre pour apporter de nouveaux aspects aux guerres par procuration. Drones : les véhicules aériens sans pilote (UAV), ou drones, ont révolutionné leur capacité à « voir » et à exercer une force à distance tout en fournissant une couverture efficace aux mandataires pour mener des actions de précision avec des niveaux d'attribution immédiate plus faibles. Parallèlement, les progrès réalisés dans le domaine de la guerre électronique permettent aux forces par procuration d'intercepter les communications ennemies, de désactiver les systèmes de suivi et de brouiller les radars, semant ainsi la confusion chez leurs adversaires (et leur conférant ainsi un avantage asymétrique).

La nouvelle révolution technologique dans les domaines de l'IA (intelligence artificielle), des systèmes autonomes et de l'informatique quantique se profile à l'horizon et offre de grandes promesses en termes d'opportunités et de risques. Traditionnellement, la guerre par procuration était plutôt un théâtre où des agents humains prenaient des décisions stratégiques ; cependant, nous entrons dans une ère où les algorithmes et la robotique (et même les protocoles quantiques) sont nos mandataires. L'intégration accélérée de la technologie et de la guerre nécessite des lignes directrices pour contrôler la diffusion et l'utilisation des technologies émergentes dans les engagements par procuration.

Alors que les guerres par procuration se multiplient au-delà des frontières traditionnelles et des normes des conflits militaires, les institutions internationales, les décideurs politiques et les établissements de défense sont contraints de réagir et de se réorganiser pour lutter contre les différentes facettes de la guerre technologique. Les implications éthiques, juridiques et stratégiques de ces évolutions sont nécessaires pour éclairer les approches combinées face aux menaces émergentes et pour protéger la sécurité mondiale à l'ère de l'information, du cyberespace et au-delà.

Atténuer les risques : contrôle de l'escalade et voies diplomatiques

Dans la géopolitique mondiale, avec ses conflits internationaux par procuration et ses luttes de pouvoir, il existe un équilibre très différent à maintenir en matière de risques, qui implique à la fois les défis liés au contrôle de l'escalade et à l'utilisation des voies diplomatiques. La combinaison dynamique d'acteurs étatiques et non étatiques dans les guerres par procuration peut conduire à des niveaux de tension plus élevés, qui peuvent entraîner des conséquences imprévues et des conflits incontrôlables. Ainsi, les approches efficaces privilégieront la gestion de l'escalade et le recours aux voies diplomatiques pour désamorcer les crises potentielles.

Il est essentiel que les analystes prêtent attention à la dynamique de l'escalade lorsqu'il s'agit de prendre des décisions stratégiques, car cela permet aux décideurs politiques d'évaluer les conséquences et de réagir en conséquence, plutôt que de se contenter de réagir de manière incontrôlable, voire aveugle (Yarhi-Milo 2018). Ce sont ces voies diplomatiques qui constituent le moteur de la désescalade et de la résolution des conflits, en offrant des possibilités de dialogue, de négociation et de médiation. Elles permettent d'exprimer ses sentiments et de trouver un terrain d'entente afin d'améliorer les chances de paix plutôt que de violence. Le recours à des pratiques et institutions diplomatiques établies, telles que les organisations internationales, les processus multilatéraux, etc., est essentiel pour gérer/fournir un espace de mission afin de résoudre les conflits par procuration. En combinant une diplomatie réfléchie et une stratégie avisée, il est possible d'identifier suffisamment de domaines d'intérêt mutuel et de préoccupation commune pour jeter les bases d'une action coopérative visant à désamorcer les crises et à empêcher qu'elles ne dégénèrent en guerres à grande échelle.

Il existe également des impératifs moraux qui militent en

faveur de la paix et de la résolution non violente des problèmes. La principale considération dans toutes les tentatives d'évaluation des risques doit être humanitaire, en mettant l'accent sur la protection des populations civiles et la prévention de souffrances inutiles, ainsi que sur la préservation des droits humains fondamentaux dans les conflits par procuration. Dans la pratique, l'intégration de considérations éthiques dans les stratégies de réduction de l'escalade et d'engagement diplomatique contribue à instaurer la confiance, à stabiliser les relations et à se conformer aux normes mondiales régissant la conduite juste dans les affaires internationales.

En fin de compte, pour gérer avec succès ces complexités, il faut une compréhension sophistiquée de cet enchevêtrement de dynamiques géopolitiques, ainsi qu'un engagement sans faille à entretenir des canaux diplomatiques résilients et à promouvoir des approches rédemptrices et moralement constructives pour prévenir et résoudre les guerres par procuration.

Implications éthiques et humanitaires

Les impératifs moraux et les implications humanitaires ont considérablement influencé les stratégies nationales des puissances engagées dans des guerres par procuration et des acteurs de l'équilibre des pouvoirs. Le recours à des forces par procuration à des fins géopolitiques est l'une de ces questions éthiques complexes qui doivent être examinées sous différents angles. Cette partie met en évidence les implications éthiques liées à l'utilisation de fronts par procuration à des fins stratégiques et explore les conséquences humanitaires profondes découlant de ces projets.

Il convient de commencer par examiner le contexte moral des guerres par procuration. Les mandataires constituent un mécanisme de conflit indirect, qui entraîne des affrontements asymétriques et peut donc poser des problèmes moraux. Ces stratégies brouillent constamment la distinction entre belligérants et non-belligérants, exposant ainsi les populations civiles à un risque accru d'être victimes de dommages collatéraux. C'est pourquoi l'« obligation morale » de réduire les dommages et de respecter les principes de proportionnalité et de distinction devient plus centrale dans les conflits par procuration.

En outre, le soutien et l'armement des organisations par procuration par les grandes puissances soulèvent de graves préoccupations éthiques. Ce soutien peut inciter à prolonger le conflit, alimentant la misère humaine et déstabilisant davantage la région (Dueck 2006). De plus, les questions éthiques s'appliquent également aux actions des acteurs par procuration, car ceux-ci font preuve d'une loyauté biaisée (parfois unilatérale), d'ambiguïtés morales et de dilemmes dans le cadre de leur conduite.

Les conséquences humanitaires font tout autant partie de la géographie morale de la guerre par procuration. Le recours à des mandataires peut avoir de vastes implications humanitaires, telles que des déplacements de population, des pertes civiles et la destruction des infrastructures sociales et économiques dans les zones touchées. Multiplication des hommes et militarisation des femmes Au fur et à mesure que la dynamique du conflit se déroule, c'est le bien-être des populations civiles dans ces zones de combat par procuration qui est particulièrement en jeu, ce qui souligne la nécessité d'une évaluation holistique du coût humain de telles stratégies.

Il est essentiel de réfléchir à ces aspects moraux et humanitaires afin d'évaluer les implications plus larges des conflits par procuration sur la paix mondiale et le bien-être des sociétés. Un débat éclairé sur les implications éthiques et humanitaires de la guerre par procuration est nécessaire afin que les décideurs politiques, les stratèges et la communauté internationale puissent évaluer de manière critique ces politiques en tant que compromis essentiel. En s'attaquant aux dilemmes éthiques complexes et en reconnaissant les ravages humanitaires qu'elles entraînent, les parties prenantes peuvent œuvrer à la construction d'un monde meilleur, loin de la brutalité immorale des guerres par procuration, où la souffrance d'un pays pour le profit d'un autre prime sur tout, et vers un internationalisme qui considère que la coopération avec la mosaïque florissante des identités nationales de l'humanité est un fardeau suffisant.

Conclusion : stratégie moderne, mesure de l'efficacité

Évaluer l'utilité de la stratégie contemporaine est une tâche difficile qui nécessite une compréhension holistique des ramifications complexes des considérations géostratégiques, technologiques et éthiques. Il est essentiel d'évaluer les coûts à court et à long terme des guerres par procuration. L'efficacité peut être évaluée non seulement en termes de succès à court terme, mais aussi à travers les réalisations qui soutiennent des objectifs nationaux ou d'alliance plus larges (Silove 2018). Et nous devons tenir compte de leur effet sur les populations civiles et du risque de catastrophes humanitaires lorsque nous déterminons si ces stratégies modernes fonctionnent réellement.

L'évaluation de la stratégie contemporaine dépend de sa capacité à s'adapter et à façonner un contexte géopolitique en rapide évolution. La fluidité de la politique mondiale exige une stratégie flexible et agile, capable de s'adapter aux nouvelles menaces et aux nouveaux problèmes. Par conséquent, le mérite de la stratégie contemporaine doit être jugé sur sa capacité à s'adapter à l'évolution des environnements de sécurité, des technologies et de la diplomatie, ainsi qu'aux moyens économiques et militaires disponibles.

Un autre critère important permettant d'évaluer la stratégie moderne est son degré d'adhésion aux normes éthiques. La communauté internationale accordant de plus en plus d'importance aux questions humanitaires et aux droits de l'homme, les aspects moraux des approches militaires et sécuritaires ont pris de l'importance. Une stratégie moderne souhaitable doit donner la priorité au droit international, à la dignité humaine et aux efforts visant à ne pas nuire aux civils.

En outre, la durabilité et la stabilité à long terme des effets d'une stratégie dans les zones en proie à des conflits doivent être au cœur des évaluations concernant son efficacité. Cela nécessite d'évaluer les stratégies modernes qui peuvent également avoir des conséquences géopolitiques plus larges, telles que celles sur l'équilibre régional des pouvoirs, la solidarité des alliances et l'escalade involontaire. En dernière analyse, une stratégie contemporaine efficace devrait être conçue pour servir de force de stabilité et de paix dans le monde tout en protégeant les intérêts nationaux et la sécurité des parties concernées. La stratégie doit transmettre une combinaison de messages, alliant détermination et prudence, où les forces militaires se retirent pendant que les diplomates négocient, équilibrant ainsi les actions offensives et défensives. En examinant ces dimensions de manière intégrée, les décideurs politiques et les analystes sont en mesure de mieux comprendre la rentabilité globale des nouvelles stratégies, en les modifiant si nécessaire pour relever les défis de la concurrence stratégique.

***

Biddle, Stephen. 2004. *Military Power: Explaining Victory and Defeat in Modern Battle*. Princeton, NJ : Princeton University Press.

Brands, Hal. 2022. *The Twilight Struggle: What the Cold War Teaches Us about Great-Power Rivalry Today*. New Haven, CT : Yale University Press.

Dueck, Colin. 2006. *Reluctant Crusaders: Power, Culture, and Change in American Grand Strategy*. Princeton, NJ : Princeton University Press.

Gaddis, John Lewis. 2005. *Stratégies d'endiguement : une évaluation critique de la politique américaine de sécurité nationale pendant la guerre froide*. Édition révisée et augmentée. New York : Oxford University Press.

Mazarr, Michael J. 2019. *The Folly of Arms Control: Why Peace Requires a New Strategy*. New York : PublicAffairs.

Porter, Patrick. 2020. *La fausse promesse de l'ordre libéral : nostalgie, illusion et ascension de Trump*. Cambridge :

Polity Press.

Sestanovich, Stephen. 2014. *Maximaliste : l'Amérique dans le monde, de Truman à Obama*. New York : Alfred A. Knopf.

Silove, Nina. 2018. « Au-delà du mot à la mode : les trois significations de la « grande stratégie ». *Security Studies* 27 (1) : 27-57.

Van Evera, Stephen. 1997. Guide des méthodes pour les étudiants en sciences politiques. Ithaca, NY : Cornell University Press.

Yarhi-Milo, Keren. 2018. *Who Fights for Reputation: The Psychology of Leaders in International Conflict*. Princeton, NJ : Princeton University Press.

8
De l'endiguement à l'« offensive »
Évolution historique des stratégies américaines

Ce chapitre retrace l'évolution de la grande stratégie américaine, depuis le cadre de base de l'endiguement au début de la guerre froide jusqu'à l'approche « proactive » actuelle. Il examine également des moments historiques clés, tels que la doctrine Truman, la dissuasion nucléaire, la guerre du Vietnam, la stratégie de « rollback » de Reagan, le repositionnement après la guerre froide et les interventions en Afghanistan et en Irak après le 11 septembre, afin de montrer comment les conceptions stratégiques ont répondu aux développements spectaculaires de la géopolitique, de la technologie et des nouvelles approches de la guerre. Le chapitre soutient que l'évolution vers un engagement proactif s'inscrit dans la continuité de cette quête d'équilibre et, plus fondamentalement, dans la recherche d'une adaptation entre les intérêts nationaux américains de longue date et l'ordre mondial émergent défini par la montée en puissance d'acteurs étrangers non étatiques dans son espace transnational.

Les sources de l'endiguement : la culture publique au début de la guerre froide

Après la Seconde Guerre mondiale, les États-Unis et l'Union soviétique sont devenus les premières superpuissances mondiales, avec des intérêts opposés en matière d'idéologie et de société. Alors que les tensions s'intensifiaient, l'endiguement a constitué la base de la politique étrangère américaine. Cette politique, telle que définie par le diplomate George F. Kennan, était nécessaire pour empêcher la propagation du communisme, en particulier en Union soviétique (Kennan, 1947). Il existait une conviction sous-jacente selon laquelle il était nécessaire d'empêcher le communisme de se propager et de prendre le pas sur les valeurs démocratiques libérales et la paix internationale.

L'institutionnalisation L'institutionnalisation soviétique de l'endiguement était le résultat d'efforts importants. La création de l'Organisation du traité de l'Atlantique Nord (OTAN) en 1949 a établi une alliance militaire visant à dissuader l'agression soviétique contre l'Europe occidentale. Parallèlement, le plan Marshall a fourni une aide économique vitale pour aider à la reconstruction des pays d'Europe occidentale, encourageant la stabilité politique et réduisant l'attrait du communisme (Gaddis, 2005). La doctrine Truman, qui engageait l'aide militaire et économique des États-Unis aux pays luttant contre l'infiltration communiste, a consolidé la posture stratégique (Truman, 1947). Collectivement, ces mesures ont formé une combinaison complexe de contingence, d'idéologie et de politique, qui a façonné la stratégie du début de la guerre froide.

La mise en œuvre de la doctrine Truman impliquait l'OTAN et son expansion stratégique

Les annonces de la doctrine Truman ont nécessité des mesures opérationnelles spécifiques. Cependant, l'institutionnalisation et la sécurité de l'Europe après la guerre reposaient entièrement sur le rôle principal joué par l'OTAN. Dans un monde où l'avenir libre de l'Europe était encore incertain, les États-Unis ont intégré les pays d'Europe occidentale dans un réseau transatlantique, prouvant ainsi leur volonté de travailler ensemble pour la sécurité, tout en consolidant leur position de puissance mondiale (Gaddis, 2005).

En dehors de l'Europe, l'administration Truman a conclu des pactes de sécurité en Asie, en particulier avec le Japon et la Corée du Sud, étendant ainsi sa stratégie mondiale d'endiguement à une zone géographique plus vaste. Cette stratégie géographique a ensuite été complétée par une aide financière et un engagement diplomatique, incarnant ainsi un plan directeur qui comprenait des accords militaires ainsi que des liens commerciaux et culturels. Cependant, elle a également renforcé la division idéologique en Europe, créant des lignes de fracture qui persistent encore aujourd'hui. La doctrine Truman était difficile à mettre en œuvre avec succès dans un monde en rapide évolution, ce qui souligne l'importance de ne jamais se reposer sur ses lauriers sur le plan stratégique et s'est déjà avérée efficace pour maintenir des relations à long terme.

La dissuasion par les armes nucléaires et la destruction mutuelle assurée (MAD)

La guerre froide a conduit à une course aux armements nucléaires, qui a fondamentalement changé le calcul des États-Unis. La théorie de la dissuasion, qui privilégiait la réalisation, accordait la priorité à la possession d'importants stocks afin de dissuader la guerre conventionnelle (plutôt que nucléaire) et est passée au premier plan. Cette logique a été institutionnalisée par la doctrine de la destruction mutuelle assurée (MAD), selon laquelle aucune des deux superpuissances ne ferait le premier pas dans une attaque nucléaire ou une attaque prioritaire, sachant qu'une riposte destructrice assurée s'ensuivrait (Jervis, 1989). Cet équilibre stable mais précaire de la terreur a ensuite jeté les bases mêmes de la politique nucléaire américaine, influençant la posture militaire, les discussions diplomatiques et les relations internationales pendant des générations... accompagnant un calcul constant des risques au cœur de la grande stratégie.

Les comptes à régler de l'ère du Vietnam : les failles de l'endiguement

La guerre du Vietnam a contraint à une réévaluation douloureuse et cinglante de la politique d'endiguement. Elle a mis à nu les graves problèmes de la stratégie américaine, en particulier l'insuffisance de la puissance militaire américaine face à une guérilla déterminée et à une mobilisation idéologique (Record, 1998). La mobilisation ambiguë, les zones morales grises, le coût humain et les divisions sur le front intérieur ont sapé l'appétit du public pour les grandes opérations militaires et ont incité à repenser en profondeur ce que les États-Unis devaient faire — de manière ambiguë — et à quel prix — dans le monde entier.

Le Vietnam a mis en évidence les dangers d'une stratégie trop ambitieuse et d'un « glissement de mission », obligeant les décideurs politiques américains à accepter la relation complexe entre la puissance dure et la puissance douce.

Cette période a conduit à une reconnaissance salutaire de la nécessité d'une plus grande sophistication politique dans la réponse aux menaces, ce qui a donné lieu à certaines doctrines mettant l'accent sur la « dérive », la « retenue » et la « sélectivité » dans l'usage de la force.

Reagan réaffirme : la rhétorique et la réalité du « rollback »

L'administration du président Ronald Reagan avait signalé son intention de s'éloigner résolument de la politique d'endiguement pour adopter une politique de « rollback » plus agressive. Avec sa rhétorique anticommuniste virulente, incarnée par la métaphore de « l'empire du mal », la doctrine Reagan déclarait ouvertement son engagement à contester et à inverser les avancées soviétiques dans le monde entier (Reagan, 1983).

Cette position affirmée s'est traduite par des « actions » sous la forme d'un soutien aux insurrections anticommunistes en Afghanistan, en Amérique centrale et ailleurs, et s'est accompagnée d'un important renforcement militaire, notamment avec l'Initiative de défense stratégique (IDS). Ironiquement, cette politique belliqueuse a été mise en œuvre parallèlement à une diplomatie directe qui a abouti à des accords de contrôle des armements tels que le traité FNI (Schweizer, 1994). L'approche de Reagan était donc double, alliant une ferveur idéologique et une ferveur défensive à une pression militaire visant à tirer parti des faiblesses économiques soviétiques, ainsi qu'à une négociation pragmatique. Cette offensive à plusieurs niveaux a contribué à ouvrir la voie à l'effondrement final du bloc soviétique.

Réajustements après la guerre froide : sortir des sentiers battus

La fin de l'Union soviétique a contraint les États-Unis à repenser leur stratégie dans un monde unipolaire tout à fait inattendu. Les décideurs politiques ont eu du mal à définir un nouveau rôle qui passerait de la politique d'endiguement à l'engagement et à la gestion des crises, comme l'ont démontré les interventions dans les Balkans et en Somalie. L'expansion de l'OTAN dans les anciens États du Pacte de Varsovie constituait une forme de coopération en matière de sécurité sans précédent (Mearsheimer, 2001).

Cependant, l'ajustement tant attendu de l'après-guerre froide a été brutalement interrompu par les attentats terroristes du 11 septembre 2001. La guerre mondiale contre le terrorisme qui a suivi a radicalement modifié les préoccupations des États-Unis en matière de sécurité nationale, qui se sont orientées vers la lutte contre le terrorisme, la guerre préventive et la sécurité intérieure, reflétant une fois de plus le débat stratégique permanent entre un leadership unilatéral actif et un engagement multilatéral large.

Transitions du siècle actuel : du mode guerre froide à la réactivité active

Le XXIe siècle a vu une transition d'un engagement réactif à un engagement proactif ou offensif. Les attentats du 11 septembre ont été le déclencheur immédiat de l'établissement de la préemption comme proposition stratégique fondamentale. Ce repositionnement forcé a été facilité par les innovations technologiques dans les trois domaines de la guerre (cyber, drones et frappes de précision) qui ont mis à nu les faiblesses des stratégies de défense conventionnelles (Kagan 2006, 210).

La stratégie des États-Unis a de plus en plus apprécié la valeur des approches intégrées et pangouvernementales qui synchronisaient la diplomatie, le développement et la défense anticipés. Cette stratégie a synchronisé les efforts de défense afin de s'attaquer aux causes profondes de l'instabilité. L'émergence d'acteurs non étatiques puissants a nécessité des relations plus étroites, un partage accru et un nouvel ensemble de capacités pour une guerre irrégulière qui mettait l'accent sur l'adaptabilité et l'innovation.

Stratégie « Lean-Forward » : justification, contexte et implications

La dernière version de cette évolution, la stratégie de défense « Lean Forward », préconise une attitude non seulement proactive, mais aussi agressive, afin d'affronter les problèmes bien avant qu'ils ne se transforment en crises. Elle est mise en œuvre pour répondre à la nature évolutive de la sécurité internationale, une stratégie et une sécurité dictées par la guerre asymétrique, le terrorisme transnational, les menaces cybernétiques et spatiales, et la concurrence géopolitique qui dépassent les frontières classiques.

Cette approche met l'accent sur la sécurité et se concentre sur la prévention, la dissuasion et la capacité de réaction rapide, qui comprend des frappes ciblées, le renforcement des capacités et des remèdes collaboratifs. Elle s'inspire des expériences de l'Afghanistan et de l'Irak, où « une réponse interventionniste réactive à grande échelle s'est avérée insuffisante » (Département américain de la Défense, 2022). Les conséquences sont graves, notamment en termes d'opérations militaires, de diplomatie et de normes de gouvernance mondiale. Cependant, cela soulève des préoccupations morales et stratégiques persistantes concernant les retombées négatives, la souveraineté et la viabilité d'un engagement ouvert et prolongé qui nécessite un équilibre délicat.

Analyse des interventions militaires importantes en Afghanistan et en Irak

Les interventions américaines en Afghanistan et en Irak sont des exemples cruciaux des dangers, des difficultés et des dilemmes de l'action stratégique après la guerre froide. Sous le prétexte de la lutte contre le terrorisme et des craintes liées aux armes de destruction massive, elles ont été définies par deux opérations qui ont dégénéré dans chaque cas en une occupation à long terme caractérisée par des insurrections, des conflits sectaires et des problèmes de construction de l'État (Packer, 2005).

Ces opérations ont mis en évidence la difficulté de réaliser des objectifs politiques par des moyens militaires dans des contextes socioculturels complexes. Elles ont mis à l'épreuve les électorats nationaux, mis à rude épreuve les alliances internationales et l'opinion publique mondiale quant à la légitimité et à l'efficacité d'une intervention unilatérale. Ces cas illustrent l'importance essentielle d'un renseignement nuancé, d'objectifs réalistes et de choix politiques viables dans l'utilisation de la force et la constitution d'une force, et constituent des leçons à retenir pour toute future stratégie globale.

Synthèse et transition : vers une stratégie américaine pour aujourd'hui

Une stratégie actuelle nécessite des connaissances historiques approfondies, dans un contexte large et flexible. Les États-Unis doivent trouver un équilibre dans ce monde multipolaire, caractérisé à la fois par des rivaux étatiques classiques et des menaces transnationales diffuses. Une stratégie contemporaine doit donc mettre en œuvre et appliquer avec succès tous les instruments du pouvoir national — diplomatiques, informationnels, économiques et militaires — afin d'y parvenir avec des « coalitions » internationales durables (Mearsheimer, 2001).

Au cœur de cette tâche se trouve la recherche d'une synthèse entre la défense de nos intérêts nationaux fondamentaux et la promotion des valeurs démocratiques et d'un leadership mondial durable. Cette approche nécessite de s'éloigner des doctrines dépassées telles que l'endiguement, l'isolationnisme et la démilitarisation, et d'adopter à la place des stratégies flexibles et tournées vers l'avenir qui tirent parti de nos avantages technologiques et favorisent l'utilisation des options cybernétiques. Cela implique un examen critique des interventions passées qui ont donné la priorité à des résultats durables et politiquement inclusifs, plutôt que de poursuivre une approche unilatérale.

En fin de compte, une stratégie efficace pour le XXIe siècle exige une vision stratégique claire et un renouveau national grâce à l'innovation et à l'éducation, ainsi qu'un engagement en faveur d'un rôle international adaptatif et fondé sur des principes. Les États-Unis peuvent tirer les leçons de leur propre développement stratégique — victoires rusées et fallacieuses ainsi qu'erreurs préjudiciables — afin de créer une grande stratégie systématique et adaptative pour une ère de continuité et de bouleversements.

Gaddis, John Lewis. 2005. *Strategies of Containment: A Critical Appraisal of American National Security Policy during the Cold War*. Édition révisée et augmentée. New York : Oxford University Press.

Jervis, Robert. 1989. *The Meaning of the Nuclear Revolution: Statecraft and the Prospect of Armageddon*. Ithaca, NY : Cornell University Press.

Kagan, Frederick W. 2006. *Finding the Target: The Transformation of American Military Policy*. New York : Encounter Books.

Kennan, George F. (« X »). 1947. « The Sources of Soviet Conduct ». *Foreign Affairs* 25, n° 4 (juillet) : 566-82.

Mearsheimer, John J. 2001. *The Tragedy of Great Power Politics*. New York : W. W. Norton & Company.

Packer, George. 2005. *The Assassins' Gate: America in Iraq*. New York : Farrar, Straus and Giroux.

Reagan, Ronald. 1983. « Remarks to the National Association of Evangelicals in Orlando, Florida, March 8, 1983 » (Discours prononcé devant l'Association nationale des évangéliques à Orlando, en Floride, le 8 mars 1983). Dans *Public Papers of the Presidents of the United States: Ronald Reagan, 1983*, 359-364. Washington, DC : Government Printing Office.

Record, Jeffrey. 1998. *The Wrong War: Why We Lost in Vietnam*. Annapolis, MD : Naval Institute Press.

Schweizer, Peter. 1994. *Victory: The Reagan Administration's Secret Strategy That Hastened the Collapse of the Soviet Union*. New York : Atlantic Monthly Press.

Truman, Harry S. 1947. « Discours devant une session conjointe du Congrès, 12 mars 1947 ». *The American Presidency Project*. Consulté le 3 avril 2024. https://www.presidency.ucsb.edu/documents/address-before-joint-session-the-congress-recommending-assistance-greece-and-turkey.

Département américain de la Défense. 2022. *Stratégie de défense nationale des États-Unis d'Amérique*. Washington, DC : Département américain de la Défense.

9
Risques éthiques et géopolitiques
Escalade, cohésion et défis moraux

Éthique et risque géopolitique

Les préoccupations éthiques sont indissociables de l'élaboration et de la mise en œuvre des politiques géopolitiques. Dans les relations internationales, la tension permanente entre moralité et pouvoir est une caractéristique déterminante, qui se reflète dans la confrontation entre les intérêts nationaux et les impératifs moraux (Nye, 2021). À mesure que l'équilibre mondial des pouvoirs évolue, déterminer ce qui constitue un comportement éthique dans la poursuite d'objectifs stratégiques devient un calcul nécessaire mais complexe. Le risque moral dans la politique mondiale concerne la possibilité que les actions des États créent des dilemmes éthiques, des souffrances humaines ou des violations importantes des normes internationales (Walzer, 2015). Cela a des implications à plusieurs niveaux, du traitement des civils pendant les conflits armés à l'impact humanitaire des sanctions économiques sur les populations vulnérables. La dimension éthique englobe non seulement les textes juridiques, mais aussi les considérations sociétales, humanitaires et historiques qui influencent la conduite des États.

La notion géopolitique de risque éthique implique également d'évaluer le potentiel de résultats imprévus ou paradoxaux. Des actions perçues comme légitimes ou nécessaires dans un contexte stratégique peuvent avoir des conséquences négatives imprévisibles dans un autre, créant ainsi de profonds dilemmes éthiques et stratégiques (Jervis, 1997). Cela nécessite une compréhension globale de la manière dont les risques se manifestent sur le plan éthique, y compris leurs impacts à court et à long terme. Les acteurs géopolitiques naviguent en permanence sur une pente glissante de compromis éthiques, car ils doivent concilier les nécessités nationales, les objectifs stratégiques et les responsabilités mondiales. La tension inhérente à cet exercice d'équilibre souligne la profonde difficulté de la prise de décision morale dans la politique mondiale.

Dynamique de l'escalade : le danger des conséquences imprévues

La logique de la dynamique de l'escalade est un facteur critique dans la prise de décision géopolitique, en particulier le risque de conséquences imprévues échappant à tout contrôle (Schelling, 1966). La perspective d'une escalade rapide vers un conflit plus destructeur nécessite une prise de conscience attentive de la part des décideurs politiques. Les processus d'escalade sont souvent non linéaires et ne suivent pas des modèles de cause à effet prévisibles. Une action initiale ou une riposte peut déclencher des chaînes de réactions imprévisibles entre plusieurs acteurs, augmentant considérablement les risques de conflit (Allison et Zelikow, 1999).

Un système mondial interconnecté ajoute des niveaux de complexité à l'escalade, de la cyberguerre à la coercition économique. Ces domaines ouvrent de nouvelles voies à des erreurs de calcul et à une expansion involontaire du conflit (Freedman, 2019). Une analyse holistique de l'escalade doit donc tenir compte des dimensions psychologiques, des innovations technologiques et de l'interconnexion des crises modernes. Il est essentiel d'intégrer des mécanismes de désescalade et des « issues » diplomatiques dans la planification stratégique afin d'atténuer les tensions et d'éviter les spirales involontaires.

Cohésion sous pression : gestion des alliances dans les situations à haut risque

Une gestion efficace des alliances est un élément essentiel de la mise en œuvre de décisions géopolitiques à haut risque. La cohésion des alliances, en particulier dans le domaine de la coopération militaire et sécuritaire, est fondamentale pour relever des défis aux implications considérables (Walt, 2009). Dans un environnement en rapide évolution, la résilience des structures d'alliance en période de crise nécessite une attention constante. Le maintien de l'unité sous pression exige un effort multidimensionnel englobant la coopération diplomatique, militaire et économique.

La répartition des charges au sein d'une alliance doit être soigneusement calibrée afin de garantir que les contributions soient perçues comme équitables et de favoriser un sentiment d'investissement collectif (Olson et Zeckhauser, 1966). Ce défi s'intensifie pendant les périodes d'hostilité accrue ou d'escalade, où les adversaires peuvent chercher à exploiter les divisions apparentes. Une gestion efficace dans de telles circonstances repose sur un leadership avisé, une communication transparente et des démonstrations crédibles d'engagement en faveur de la défense mutuelle (Snyder, 1997). En fin de compte, investir dans la confiance, l'interopérabilité et une culture de coopération durable est essentiel pour établir une cohérence stratégique à long terme capable de résister à des crises aiguës.

Dilemmes moraux : mesurer le coût humain des choix stratégiques

Se confronter aux aspects moraux des décisions stratégiques oblige à prendre en compte leur coût humain potentiel. Qu'il s'agisse d'une action militaire, d'une pression économique ou de manœuvres diplomatiques, le calcul moral essentiel consiste à mettre en balance les objectifs stratégiques et l'impératif de prévenir la mort et la dégradation humaine (Shue, 2016). Les décideurs politiques doivent trouver un équilibre entre l'intérêt national et les impératifs humanitaires, une tâche compliquée par le contexte géopolitique, historique et culturel unique de chaque crise.

L'application d'une forme de « triage » éthique basé sur les dommages anticipés pour les civils, les infrastructures et les générations futures fait peser un lourd fardeau sur les décideurs, qui ont besoin d'un cadre transcendant le simple avantage stratégique (Gross, 2015). En outre, il est extrêmement difficile de gérer la tension entre le respect du droit international et les exigences pratiques de la politique. L'intégration des impératifs moraux dans le calcul de la sécurité nationale exige un engagement discipliné en faveur d'un leadership fondé sur des principes et d'une gouvernance éthique. Cela implique notamment la mise en place de cadres politiques concrets et de règles opérationnelles qui accordent la priorité à la protection des populations vulnérables

(Smith, 2005).

Quel rôle pour le droit international et les normes internationales dans la stratégie américaine ?

Le calcul stratégique des États-Unis est profondément ancré dans le cadre du droit international et des normes qui régissent le comportement des États. Le respect du droit international constitue la pierre angulaire d'une conduite éthique et une source essentielle de légitimité pour la poursuite des intérêts nationaux (Henkin, 1979). Les États-Unis ont historiquement joué un rôle important dans l'élaboration de ces lois et normes grâce à leur participation à des traités, à des organisations internationales et au développement du droit coutumier.

Le respect des normes internationales est également essentiel pour préserver la stabilité mondiale et favoriser les relations de coopération. L'alignement des États-Unis sur les principes établis renforce les alliances, renforce la dissuasion et consolide un ordre fondé sur des règles (Finnemore et Sikkink, 1998). Dans le domaine militaire, le droit international humanitaire, en particulier les principes de distinction, de proportionnalité et de nécessité, fournit les règles fondamentales régissant la conduite des conflits armés, dans le but de limiter les souffrances des civils (CICR, 2005). Si la double exigence de souveraineté et d'engagements internationaux peut créer des tensions, trouver cet équilibre est un défi permanent et nécessaire de la politique.

Équilibre entre l'intérêt national et la stabilité mondiale

La tension entre la promotion des intérêts nationaux et la préservation de la stabilité mondiale est un défi permanent pour les stratèges américains (Mearsheimer, 2001). Ce dilemme nécessite un jugement prudent pour naviguer entre les exigences concurrentes de la souveraineté et du bien-être international systémique, en particulier pendant les périodes de transition géopolitique.

Un élément clé de cet exercice d'équilibre consiste à évaluer les gains à court terme par rapport aux résultats à long terme. Les initiatives qui offrent des avantages tactiques immédiats peuvent compromettre la stabilité nécessaire à la sécurité nationale à long terme (Ikenberry, 2011). En outre, à l'ère de la mondialisation profonde, la défense des intérêts nationaux est de plus en plus liée au maintien de la stabilité internationale, car les perturbations dans une région peuvent avoir des répercussions mondiales (Keohane et Nye, 2012). Reconnaître que l'intérêt national englobe désormais des questions transnationales telles que la stabilité économique et la sécurité environnementale permet aux décideurs politiques de mieux aligner les impératifs nationaux sur les exigences mondiales.

Leçons de l'histoire : les erreurs stratégiques du passé à éviter

La connaissance de l'histoire est un atout inestimable pour éviter les écueils récurrents de la politique internationale. Les annales de l'histoire regorgent d'erreurs de calcul, d'excès stratégiques et de mauvais jugements qui ont conduit à une escalade involontaire et à des conflits prolongés (Howard, 2002). La guerre du Péloponnèse, par exemple, constitue un avertissement précoce sur la manière dont une dynamique de pouvoir et une ambition incontrôlées peuvent alimenter une discorde durable (Thucydide, 1972). Le système d'alliances complexe qui a précipité la Première Guerre mondiale reste une leçon qui donne à réfléchir sur les conséquences catastrophiques d'un échec diplomatique et d'une planification rigide de la guerre.

La crise des missiles de Cuba en 1962 offre des enseignements essentiels sur la politique de la corde raide à haut risque et le rôle indispensable d'une diplomatie calibrée et d'une communication de crise pour éviter la catastrophe (Allison et Zelikow 1999, 99). Plus récemment, l'implication des États-Unis au Vietnam offre un aperçu durable des dilemmes éthiques et stratégiques de la guerre asymétrique et de la reconstruction ambitieuse d'un pays (Logevall, 2012). La guerre en Irak de 2003 a quant à elle soulevé de profondes questions morales et géopolitiques concernant la guerre préventive, les défaillances des services de renseignement et les conséquences à long terme de l'intervention (Ricks, 2006). Ces épisodes soulignent collectivement les dangers d'une erreur de jugement stratégique et la pertinence durable d'un examen éthique de la politique étrangère.

Recommandations politiques pour une implication stratégique éthique

Pour naviguer dans le terrain complexe des dilemmes éthiques et des risques géopolitiques, les décideurs politiques devraient adopter des cadres qui intègrent les considérations éthiques dans les priorités stratégiques. Premièrement, la politique étrangère américaine devrait poursuivre activement une **approche multilatérale** qui intègre diverses perspectives mondiales. La consultation d'un large éventail d'acteurs internationaux enrichit la compréhension des questions éthiques et conduit à des stratégies plus solides et plus sensibles (Haas, 2020).

Deuxièmement, **les droits de l'homme et les cadres éthiques** doivent être explicitement intégrés dans les processus décisionnels stratégiques. Évaluer l'impact humanitaire des options politiques renforce l'engagement envers les valeurs universelles et renforce l'autorité morale (Donnelly, 2013). La mise en œuvre **d'évaluations** structurées **des risques éthiques** pour les initiatives stratégiques majeures peut aider à identifier et à atténuer les risques moraux potentiels avant que les décisions ne soient finalisées (Gutmann et Thompson, 2014).

Troisièmement, favoriser **la transparence et la justification publique** des engagements stratégiques renforce la légitimité nationale et internationale. Enfin, il est essentiel d'investir dans **la formation à l'éthique** au sein des institutions militaires et diplomatiques afin de préparer le personnel à relever les défis moraux auxquels il sera confronté sur le terrain (Robinson, 2007). Ensemble, ces mesures peuvent renforcer les fondements éthiques du comportement stratégique des États-Unis.

Analyse d'études de cas : l'éthique des conflits récents

Les conflits récents illustrent clairement l'impact des considérations éthiques sur la prise de décision stratégique (Crawford, 2013). **La guerre civile syrienne** a posé un dilemme moral profond : l'obligation de protéger les civils s'est heurtée aux risques et à la complexité d'une intervention dans un conflit multiforme marqué par des violations des droits humains de la part de toutes les parties (Lynch, 2016). La réponse internationale a été fortement critiquée sous l'angle éthique, en particulier en ce qui concerne l'utilisation d'armes chimiques et le sort des réfugiés.

La **guerre au Yémen** a mis en évidence les questions éthiques liées à la vente d'armes et au soutien militaire aux combattants, car la crise humanitaire dévastatrice a soulevé des préoccupations urgentes quant au respect du droit international humanitaire (Sharp, 2018).

À l'inverse, **l'annexion de la Crimée par la Russie** et la déstabilisation de l'est de l'Ukraine ont posé un défi éthique différent : comment répondre efficacement à des violations flagrantes de la souveraineté et de l'intégrité territoriale dans un ensemble d'options limitées (Mearsheimer, 2014).

L'analyse de ces cas confirme que le raisonnement éthique n'est pas accessoire, mais central dans l'interprétation et la gestion des conflits modernes.

Conclusion : intégrer les obligations morales et les intérêts stratégiques

Concilier les impératifs éthiques et les objectifs stratégiques est une tâche difficile mais essentielle au cœur d'une politique responsable. Elle exige une approche nuancée qui tienne compte des principes moraux, des normes internationales et des réalités de la politique de puissance (Williams, 2005). Comme le montre cette analyse, l'éthique est indissolublement liée à la conduite stratégique, façonnant à la fois la perception et les conséquences à long terme de l'action de l'État.

Cette intégration nécessite une compréhension lucide des compromis entre l'opportunisme à court terme et la légitimité à long terme (Booth et Wheeler, 2008). Elle implique un engagement indéfectible envers le droit et les normes internationaux, en reconnaissant qu'une réputation d'action fondée sur des principes est un atout stratégique pour établir des partenariats durables. En fin de compte, l'intégration du raisonnement éthique dans la réflexion stratégique — par la transparence, la responsabilité et l'engagement à minimiser les dommages — permet aux nations de poursuivre leurs intérêts tout en contribuant à un ordre mondial plus juste et plus stable.

***

Allison, Graham et Philip Zelikow. 1999. *Essence of Decision: Explaining the Cuban Missile Crisis*. 2e éd. New York : Longman.

Booth, Ken et Nicholas J. Wheeler. 2008. *The Security Dilemma: Fear, Cooperation, and Trust in World Politics*. Londres : Palgrave Macmillan.

Crawford, Neta C. 2013. *Accountability for Killing: Moral Responsibility for Collateral Damage in America's Post-9/11 Wars*. Oxford : Oxford University Press.

Donnelly, Jack. 2013. *Universal Human Rights in Theory and Practice*. 3e éd. Ithaca, NY : Cornell University Press.

Finnemore, Martha et Kathryn Sikkink. 1998. « International Norm Dynamics and Political Change ». *International Organization* 52 (4) : 887-917.

Freedman, Lawrence. 2019. *The Future of War: A History*. New York : PublicAffairs.

Gross, Michael L. 2015. *The Ethics of Insurgency: A Critical Guide to Just Guerrilla Warfare*. Cambridge : Cambridge University Press.

Gutmann, Amy, et Dennis Thompson. 2014. *The Spirit of Compromise: Why Governing Demands It and Campaigning Undermines It*. Princeton, NJ : Princeton University Press.

Haas, Richard N. 2020. *The World: A Brief Introduction*. New York : Penguin Press.

Henkin, Louis. 1979. *Comment se comportent les nations : droit et politique étrangère*. 2e éd. New York : Columbia University Press.

Howard, Michael. 2002. *L'invention de la paix et la réinvention de la guerre*. Londres : Profile Books.

Ikenberry, G. John. 2011. *Léviathan libéral : les origines, la crise et la transformation de l'ordre mondial américain*. Princeton, NJ : Princeton University Press.

Comité international de la Croix-Rouge (CICR). 2005. *Customary International Humanitarian Law*. Cambridge : Cambridge University Press.

Jervis, Robert. 1997. *System Effects: Complexity in Political and Social Life*. Princeton, NJ : Princeton University Press.

Keohane, Robert O., et Joseph S. Nye. 2012. *Power and Interdependence*. 4e éd. New York : Pearson.

Logevall, Fredrik. 2012. *Les braises de la guerre : la chute d'un empire et la naissance du Vietnam américain*. New York

: Random House.

Lynch, Marc. 2016. *Les nouvelles guerres arabes : soulèvements et anarchie au Moyen-Orient*. New York : PublicAffairs.

Mearsheimer, John J. 2001. *La tragédie de la politique des grandes puissances*. New York : W. W. Norton & Company.

Mearsheimer, John J. 2014. « Why the Ukraine Crisis Is the West's Fault ». *Foreign Affairs* 93 (5) : 77-89.

Nye, Joseph S., Jr. 2021. *Do Morals Matter? Presidents and Foreign Policy from FDR to Trump*. Oxford : Oxford University Press.

Olson, Mancur, et Richard Zeckhauser. 1966. « An Economic Theory of Alliances ». *The Review of Economics and Statistics* 48 (3) : 266-279.

Ricks, Thomas E. 2006. *Fiasco : The American Military Adventure in Iraq*. New York : Penguin Press.

Robinson, Paul. 2007. *Ethics Training and Development in the Military*. Louvain, Belgique : Peeters.

Schelling, Thomas C. 1966. *Arms and Influence*. New Haven, CT : Yale University Press.

Sharp, Jeremy M. 2018. *Yemen: Civil War and Regional Intervention*. Washington, DC : Congressional Research Service.

Shue, Henry. 2016. *Fighting Hurt: Rule and Exception in Torture and War*. Oxford : Oxford University Press.

Smith, Rupert. 2005. *The Utility of Force: The Art of War in the Modern World*. New York : Alfred A. Knopf.

Snyder, Glenn H. 1997. *Alliance Politics*. Ithaca, NY : Cornell University Press.

Thucydide. 1972. *Histoire de la guerre du Péloponnèse*. Traduit par Rex Warner. Londres : Penguin Books.

Walt, Stephen M. 2009. « Alliances in a Unipolar World ». *World Politics* 61 (1) : 86-120.

Walzer, Michael. 2015. *Just and Unjust Wars: A Moral Argument with Historical Illustrations*. 5e éd. New York : Basic Books.

Williams, Bernard. 2005. *In the Beginning Was the Deed: Realism and Moralism in Political Argument*. Princeton, NJ : Princeton University Press.

10
Conclusion

Cohérence et danger dans le grand dessein caché des États-Unis

Récapitulatif du parcours stratégique des États-Unis

L'odyssée stratégique des États-Unis n'a pas seulement été une saga épisodique et en constante évolution, elle a également eu des répercussions directes sur l'historicité et le calcul mondial du pouvoir. Au fil des ans, en tant que leader mondial, les États-Unis ont mis en place différents cadres stratégiques pour répondre aux menaces et aux opportunités à mesure qu'elles se présentaient, tout en préservant leur rôle d'acteur dominant dans les événements mondiaux. Les premières années de la guerre froide ont vu la cristallisation de la politique d'endiguement comme principe directeur central axé sur la limitation (et le recul, ou la déstalinisation) du communisme et le maintien de l'influence occidentale. La deuxième voie était celle des alliances telles que l'OTAN et l'OTASE, qui ont toutes deux démontré la détermination des États-Unis à assurer la sécurité collective et à respecter les principes démocratiques.

La dissolution soudaine de l'Union soviétique a marqué le début d'une nouvelle ère dans laquelle les priorités stratégiques américaines ont été réexaminées. L'après-guerre froide a été marquée par un monde unipolaire, comme le suggèrent des politiques telles que l'expansion de l'OTAN ou même la propagation de la démocratie libérale. Cependant, le 11 septembre a provoqué un changement radical dans les priorités stratégiques des États-Unis, la lutte contre le terrorisme passant au premier plan. La guerre mondiale contre le terrorisme est devenue le prisme à travers lequel s'observait la sécurité nationale américaine :

les interventions militaires, l'aide étrangère et les efforts en matière de renseignement étaient considérés sous cet angle. Dans le même temps, cependant, la montée en puissance de la Chine et la résurgence de la Russie ont rendu nécessaire une révision de la stratégie américaine, en recentrant l'attention sur la compétition entre grandes puissances. En conséquence, la notion d'ambiguïté stratégique s'est répandue afin de maintenir un engagement et une dissuasion efficaces vis-à-vis des concurrents. Le recentrage sur la région indo-pacifique, en plus du soutien apporté par les États-Unis à leurs alliés et partenaires régionaux, a illustré les efforts déployés par les États-Unis pour créer un équilibre des pouvoirs favorable dans des théâtres d'opérations vitaux. Malgré ces tensions, des thèmes récurrents, tels que le respect des droits de l'homme, le libre-échange et le multilatéralisme, ont régulièrement figuré dans les calculs stratégiques américains, reflétant leur engagement à soutenir un ordre fondé sur les règles internationales. D'une manière générale, la trajectoire stratégique des États-Unis témoigne d'un mélange complexe de continuité et d'adaptation, reflétant leur détermination à protéger leurs intérêts et leurs aspirations nationaux face à l'instabilité mondiale.

Principaux enseignements tirés des études de cas

En analysant deux études de cas connexes, l'Ukraine et le pivot vers l'Asie de l'Est, nous comprenons mieux la complexité qui se cache derrière la grande stratégie sous-jacente des États-Unis. La guerre en Ukraine est devenue un test pour le calcul stratégique américain, qui semblait pris entre les alliances régionales, l'équilibre des pouvoirs et les impératifs géopolitiques. Cette étude de cas, examinée minutieusement pièce par pièce, a mis en évidence les interdépendances complexes entre le soutien américain, les avantages dont bénéficie l'Europe et la dynamique de la politique d'équilibre des pouvoirs. De même, le pivot vers l'Asie de l'Est, avec son récit mitigé opposant le Japon et la Chine à la compétition indo-pacifique, a fourni un bon exemple de la lutte pour le positionnement dans un espace stratégique où il est nécessaire de montrer les dents si l'on veut dissuader Pékin. Ces études de cas illustrent également les deux facettes de l'implication des États-Unis dans les affaires mondiales et fournissent des enseignements importants sur l'équilibre entre les risques et les opportunités dans des contextes stratégiques doubles.

L'étude de ces cas pratiques a approfondi notre compréhension des racines éthiques et géopolitiques qui influencent l'implication des États-Unis à l'étranger. Ces études de cas nous permettent de déconstruire la complexité du processus décisionnel stratégique américain, d'affiner notre appréciation des multiples niveaux de (in)cohérence qui caractérisent ses choix et de mettre en évidence certains des écueils potentiels dans sa quête de solutions sur son cheminement existentiel. En d'autres termes, ces études de cas illustrent l'entreprise de cet ouvrage, qui se veut une source de connaissances permettant de mieux comprendre les facteurs complexes qui sous-tendent le grand dessein secret des États-Unis.

Articulation de deux stratégies complémentaires

En effet, si nous parvenons à percer le brouillard épais et dense des échecs stratégiques et mondiaux qui composent notre environnement géopolitique difficile, cela apparaît clairement dès le départ : les États-Unis ont non pas une, mais deux casquettes stratégiques, avec une stratégie de sécurité nationale explicite qui domine une seconde grande stratégie semi-secrète (crypto peut-être ?). La création de ces plans nécessite que nous analysions de manière critique les directives politiques globales et les documents militaires relatifs à la politique étrangère (et en particulier leurs implications), ainsi que que nous consultons les positions de ceux qui cherchent à faire autorité en matière de stratégie géopolitique américaine. C'est grâce à cette synthèse que nous commençons à voir comment les actions visibles s'inscrivent dans le calcul stratégique qui sous-tend la politique étrangère américaine, une entreprise très complexe.

Au cœur de cette juxtaposition se trouve la prise de conscience que, bien que la NSS énonce les priorités et les menaces immédiates, elle cache une grande stratégie secrète, qui englobe une vision à long terme beaucoup plus omniprésente de l'influence mondiale et de la projection de la puissance. Ce dynamisme dialectique permet de comprendre comment la convergence et la divergence de ces cadres conceptuels révèlent différentes facettes de la politique américaine, à la fois pragmatique et ambitieuse. Enfin, la synthèse de ces deux cadres nous permet de voir les compromis et les concessions complexes qu'implique l'intérêt national et comment les exigences à court terme sont mises en balance avec les objectifs stratégiques à long terme.

À cette fin, ce n'est qu'en dépassant le niveau de ce que j'ai appelé le « sloganisme » dans la politique étrangère américaine — et en explorant ses nombreux recoins — que l'on peut réfléchir de manière globale aux subtilités susceptibles de motiver l'activisme (ou la passivité) militaire dans toutes les régions. Enfin, l'enjeu de la construction conjointe d'une paire de cadres stratégiques est de créer un prisme à l'échelle du système permettant de décoder la structure complexe de la politique de puissance américaine et de mieux comprendre le paysage géopolitique plus large et les motivations qui guident les relations des États-Unis avec le monde. Dans cette perspective, nous pouvons dégager les schémas et les thèmes récurrents qui ont toujours encadré la pratique stratégique américaine, en anticipant son avenir probable et en évaluant ce que cela pourrait présager pour les principes de stabilité et d'ordre mondiaux. En dépassant la construction de ces deux cadres, nous nous dotons de l'appareil analytique nécessaire pour distinguer les différentes formes de l'ordre international contemporain.

Implications pour l'ordre et la stabilité internationaux

Les conséquences de l'existence de deux cadres stratégiques américains pour l'ordre et la stabilité internationaux sont profondes, vastes et subtiles. Tout comme les États-Unis ont dû composer avec un monde complexe, leurs choix stratégiques ont également eu des répercussions à travers les régions et le temps, influençant la répartition du pouvoir, la structure des alliances et l'équilibre entre l'ordre et la stabilité dans le système international. Une implication cruciale concerne la possibilité d'alignement ou de désalignement entre les États puissants, alors que les États-Unis gèrent leurs alliances et leurs rivalités avec une grande habileté stratégique. En outre, la manière dont ces stratégies sont mises en œuvre peut contribuer à renforcer ou à affaiblir les normes et les institutions internationales établies, et donc à définir l'ordre mondial.

Les choix des États-Unis ont en outre eu un impact réel sur l'ordre et la stabilité régionaux, en particulier dans les régions clés de l'Indo-Pacifique et de l'Europe de l'Est. La manière dont les États-Unis traitent avec leurs alliés, affrontent la concurrence de leurs adversaires et font face à la complexité des menaces asymétriques est d'une importance cruciale pour façonner ces paysages sécuritaires. Cela a à son tour des répercussions sur l'ordre international au sens large, notamment parce que les instabilités régionales peuvent avoir des conséquences mondiales.

De plus, les implications pour l'ordre et la stabilité internationaux impliquent une distinction subtile entre l'affirmation de soi et le leadership. La poursuite des intérêts nationaux tout en adhérant aux normes et principes internationaux a des implications importantes pour la cohérence et l'efficacité de l'ordre mondial. La manière dont les États-Unis gèrent cet équilibre délicat déterminera l'avenir de la stabilité mondiale et de la rivalité entre les grandes puissances.

Deuxièmement, les implications éthiques du grand dessein secret des États-Unis s'étendent à l'ordre et à la stabilité internationaux. La manière dont les États-Unis concilient leurs impératifs stratégiques et moraux est non seulement révélatrice de la valeur qu'ils accordent à ces deux considérations et à leur crédibilité, mais elle envoie également un signal aux autres acteurs de la politique internationale sur ce qui est accepté et toléré dans la sphère internationale. Les conséquences éthiques des politiques et du comportement américains ne doivent donc pas être négligées lorsqu'on évalue leur effet sur la paix mondiale.

En résumé, les conséquences des constructions stratégiques trompeuses des États-Unis sur l'ordre mondial et la stabilité sont considérables : elles concernent les équilibres géopolitiques, la politique régionale et l'éthique, ainsi que l'équilibre global des pouvoirs. Il est essentiel que les décideurs politiques, les analystes et les parties prenantes puissent apprécier ces implications et soient capables de naviguer dans les dimensions de leur monde en mutation afin de contribuer au développement d'un système international stable et prospère.

Trouver une cohérence dans les politiques américaines

« En examinant les multiples facettes de la politique et des actions des États-Unis sur la scène mondiale, nous nous sommes demandé quelle logique stratégique pouvait justifier l'approche globale ou la réponse modeste, parfois non stratégique, que nous observons. » Au cœur de cet examen se trouve la nécessité de reconnaître les politiques américaines et leur compatibilité avec les intérêts nationaux à long terme et les intérêts géopolitiques généraux des États-Unis. Cet ouvrage propose une analyse détaillée des composantes diplomatiques, économiques et militaires des politiques américaines, y compris non seulement les réactions aux crises immédiates, mais aussi les efforts visant à élaborer et à mettre en œuvre des stratégies pour la poursuite de la paix et de la stabilité à long terme.

En évaluant la convergence entre les différents moyens et engagements politiques, nous pouvons observer l'orientation cohérente dans la pratique et l'approche qui définit le cours général des relations étrangères des États-Unis. En outre, l'évolution historique des politiques américaines, leur continuité et l'adaptation de leurs principes stratégiques fondamentaux fournissent des informations utiles sur la cohésion de la grande stratégie américaine à long terme.

Comme nous le développerons dans cette discussion, la multidimensionnalité de la cohérence stratégique, tout en incluant ses aspects rationnels et intentionnels en tant qu'élément constitutif du processus d'élaboration des politiques, doit également tenir compte de la complexité, des compromis et des incertitudes plus intrinsèques à l'action dans des conditions de changement à travers les régions et les niveaux du système. Mais cela nécessite une analyse subtile des relations transversales entre les intérêts, les valeurs et les capacités qui motivent la politique américaine, ainsi que de l'interaction complexe entre les variables internes et externes qui façonnent sa formation et sa mise en œuvre.

En outre, si nous voulons identifier la cohérence stratégique, il faut vérifier l'adéquation entre les objectifs politiques déclarés, les ressources réelles consacrées à la réalisation de ces objectifs et les moyens/méthodes tactiques mis en œuvre pour y parvenir ; cela montre comment les intentions théoriques ou abstraites sont concrétisées dans la pratique et mises en œuvre. Au cœur d'une telle analyse se trouve la reconnaissance du rôle que jouent le leadership, les arrangements institutionnels et les processus politiques dans la formation de la cohérence stratégique, car elle met en évidence le besoin critique de coordination interinstitutionnelle (Jones et al., 2016), la consultation des parties prenantes (Fudge et al., 2012) et la planification à long terme (Berger & Luckmann, 1967) pour aligner des volets politiques divergents dans un cadre stratégique unique.

Cela impliquerait d'examiner la coordination des politiques du gouvernement américain, les efforts visant à renforcer la cohérence entre les différentes politiques et orientations, ainsi que les évaluations axées sur les résultats qui sous-tendent les structures et les pratiques nécessaires à l'intégration de tous les aspects des activités liées à la sécurité nationale au sein des différentes agences afin d'assurer la cohérence stratégique au niveau national. Cela comprend également l'évaluation de l'efficacité de la communication stratégique, de la gestion des alliances et des efforts de diplomatie publique pour communiquer et défendre la cohérence des politiques américaines auprès des publics extérieurs, tout en renforçant le soutien national à ces politiques.

La recherche de cohérence dans la stratégie américaine est à la fois un exercice d'auto-évaluation et d'adaptation – l'une des caractéristiques d'une grande puissance – mais également un facteur important qui influence les attentes, les perceptions et les réactions mondiales à l'égard du leadership et de l'activisme américains. En identifiant et en expliquant plus efficacement la cohérence stratégique, les États-Unis peuvent chercher à renforcer la prévisibilité, la crédibilité et la confiance dans leurs relations internationales, ce qui améliorerait la capacité de Washington à influencer et à gérer un paysage mondial hautement interconnecté mais concurrentiel. Il est donc nécessaire de démêler les fils de la cohérence stratégique de la politique américaine pour comprendre, évaluer et redéfinir les dimensions stratégiques du leadership mondial américain.

Risques et écueils à éviter

Le concept de dépassement stratégique, aussi contre-intuitif qu'il puisse paraître aux théoriciens des relations internationales, prend tout son sens lorsqu'on examine les implications négatives et les retombées néfastes potentielles qui se cachent derrière l'architecture stratégique mondiale des États-Unis. Cette dynamique implique l'étirement des ressources, de l'influence et de l'engagement militaire jusqu'à des limites insoutenables qui menacent les objectifs stratégiques globaux. Les difficultés associées à la surenchère stratégique doivent être abordées avec prudence ; ses conséquences peuvent se répercuter sur le terrain géopolitique, entraînant des défis imprévus et des vulnérabilités systémiques.

La surenchère stratégique devient un risque de confrontation lorsque le niveau d'engagement raisonnable est dépassé. Le désir d'une nation d'exercer un leadership et une hégémonie mondiaux peut semer la discorde, générer de l'animosité et provoquer des contrepoids de la part d'autres pôles, exacerbant les rivalités géopolitiques et précipitant les frictions. En outre, les coûts financiers et humains associés à des projets de grande envergure peuvent donner lieu à un mécontentement interne et à des conflits socio-économiques, qui éroderaient la résilience et l'unité de la société.

Dans le cadre du grand complot caché des États-Unis, la surcharge stratégique comporte des risques multidimensionnels qui nécessitent une surveillance intelligente. D'une part, les déploiements militaires illimités et à long terme poussent les ressources monétaires et humaines du pays à leur limite, détournant une attention et des fonds précieux des besoins nationaux vitaux tels que les routes, les écoles et les hôpitaux. Deuxièmement, la perte de crédibilité diplomatique et d'autorité morale pourrait être associée à la perception que les efforts visant à enfreindre les restrictions progressent rapidement ou provoquent des réactions internationales (ce que l'on pourrait également appeler un « retour de flamme diplomatique »), sapant ainsi cette partie du substrat diplomatique, qui a un effet multiplicateur sur la confiance dans les relations internationales.

La troisième voie... « Cela ne signifie pas que la mission de l'Occident en Syrie soit uniquement ou principalement humanitaire ; si tel était le cas, il serait inutile d'envoyer des avions bombarder l'EI et d'autres groupes islamistes dangereux. » S'engager dans des conflits asymétriques prolongés et impossibles à gagner peut exacerber l'insécurité locale et brouiller la ligne cruciale entre intervention nécessaire et expansion, soutenue par des milliardaires entrepreneurs européens. Les liens complexes entre les problèmes et les effets dominos dans la dynamique régionale peuvent multiplier les dangers, conduisant peut-être à des sables mouvants qui paralysent le pays et corrodent ses avantages ainsi que son influence. En outre, les conséquences combinées d'une extension stratégique excessive peuvent se répercuter dans le monde entier, entraînant les organisations internationales, aggravant les inquiétudes régionales et causant des dommages collatéraux dans les États voisins.

Pour faire face au spectre de la surenchère stratégique, il faudra trouver un équilibre subtil entre une implication active et un scepticisme sain à l'égard des affaires mondiales. Cela nécessite une vision stratégique solide, un ajustement sophistiqué des politiques et une flexibilité face à l'évolution de la situation internationale. Cela souligne également l'importance d'une coopération interinstitutionnelle forte entre des professionnels diversifiés et compétents afin de faire face aux complexités de ce monde avec une précision et un jugement chirurgicaux.

En d'autres termes, définir les paramètres de la surenchère stratégique est essentiel pour protéger les intérêts nationaux à long terme et réorienter les positions stratégiques. À ce moment décisif, la stratégie américaine pourrait ainsi trouver le juste équilibre entre ambition audacieuse et prudence avisée, transcendant les difficultés liées à la surenchère au profit d'un leadership mondial résilient et fondé sur des principes, défini par des actions durables menées avec succès par des hommes d'État et alignées sur les intérêts nationaux.

Questions éthiques dans la conduite de la stratégie

Dans les domaines des relations internationales et de la stratégie, la moralité a joué un rôle central dans le comportement des États-nations. Alors que les États-Unis poursuivent leur grand dessein caché et leurs deux cadres stratégiques, ils sont confrontés à des considérations morales difficiles liées à l'exercice du pouvoir sur la scène internationale.

Une question importante, sur laquelle je voudrais m'attarder un instant ce soir, est la suivante : dans quelles conditions une guerre peut-elle être considérée comme juste ? Les principes de cette théorie exigent un jugement mesuré sur la proportionnalité de l'action militaire, la distinction entre les cibles combattantes et non combattantes, et la légitimité d'une cause juste pour intervenir.

De plus, une réflexion éthique est nécessaire pour prendre en compte les effets secondaires et les conséquences imprévues des efforts stratégiques. Cela nécessite une réflexion sincère sur le coût humain potentiel des tactiques géopolitiques et des opérations militaires. En outre, les dimensions stratégiques de la prise de décision ont également des dimensions éthiques, telles que la défense des droits de l'homme, la souffrance mondiale et le développement de la paix. Mais ce sont là des points qui soulignent l'obligation morale des États envers le bien-être et la dignité des personnes, indépendamment de la géopolitique.

À la lumière de la grande stratégie cachée des États-Unis, ces réflexions éthiques sont essentielles pour évaluer les conséquences stratégiques à long terme des décisions stratégiques, notamment en matière d'alliances, d'intervention ou de recours à la force. Anticiper et minimiser de manière proactive les catastrophes humanitaires potentielles, répondre aux besoins des populations vulnérables déplacées et faire preuve de respect envers les normes et conventions internationales sont des aspects essentiels d'un comportement éthique dans le choix stratégique. En outre, cette éthique ne se limite pas aux conséquences, elle s'applique également dans le temps (les décisions éthiques que nous prenons ont une incidence sur les générations futures et la politique mondiale). Je pense que cela nous oblige à adopter une vision éthique prospective qui dépasse les avancées en matière de stratégies politiques pour prendre en compte l'héritage moral durable des décisions stratégiques des États-Unis.

Tout en équilibrant ses intérêts nationaux et ses impératifs moraux, les États-Unis cherchent à trouver un équilibre entre le pouvoir et les principes dans la poursuite de la sécurité et de la stabilité dans le monde. Par « penser de manière éthique dans la politique étrangère américaine », nous entendons que l'application de l'éthique à la politique permet d'élaborer des politiques plus défendables sur le plan moral et plus durables, ainsi que de contribuer à promouvoir un ordre mondial équitable, humain et décent, qui incarne les normes éthiques universelles selon lesquelles toutes les nations devraient être traitées.

Leçons pour l'avenir en matière de sécurité et de diplomatie

L'analyse de l'équilibre complexe entre la morale, l'intérêt national, les tactiques diplomatiques et les impératifs de sécurité révèle des enseignements précieux qui peuvent servir de repères pour tracer la voie à suivre dans un monde de plus en plus complexe. L'une des leçons essentielles est la nécessité d'une réflexion nuancée qui tienne compte à la fois des intérêts nationaux à court terme et des responsabilités mondiales à long terme. La gestion de ces objectifs parfois contradictoires nécessite une diplomatie avisée, un instinct stratégique visionnaire et une compréhension pratique des réalités géopolitiques en constante évolution.

Les efforts futurs en matière de sécurité et de diplomatie devraient mettre l'accent sur la nécessité d'une implication multilatérale et de la formation de coalitions. À l'ère des problèmes transnationaux, qu'il s'agisse du terrorisme, des pandémies ou du changement climatique, l'efficacité des décisions unilatérales est intrinsèquement limitée. Des efforts coordonnés qui tirent parti des ressources, des connaissances et des capacités combinées de nations compatibles peuvent conduire à des réponses plus efficaces et durables aux menaces et aux défis communs.

Les récits présentés dans cet ouvrage soulignent la nécessité cruciale de faire preuve d'empathie, de sensibilité culturelle et de communication inclusive pour élaborer des mesures diplomatiques et de sécurité efficaces. Il est essentiel d'être sensible aux différentes interprétations et de reconnaître les couches historiques et les perspectives locales pour instaurer la confiance, favoriser la coopération et éviter les tensions susceptibles de dégénérer en confrontations. Il est donc important de disposer d'un corps de diplomates et de stratèges compétents en matière de nuances culturelles et de coalition humaine afin de développer et de maintenir la paix mondiale.

De plus, les expériences tirées des études de cas présentées dans les chapitres précédents soulignent l'importance de la flexibilité et de l'agilité pour réagir aux menaces émergentes en matière de sécurité. Une approche dynamique axée sur la sécurité et la diplomatie est nécessaire compte tenu de l'évolution rapide des technologies, de l'augmentation des menaces asymétriques et de l'évolution des alliances. L'innovation technologique, l'utilisation de moyens de collecte de renseignements de pointe et l'application d'outils technologiques modernes pour exercer une influence positive et non coercitive sont des éléments essentiels d'une approche tournée vers l'avenir.

L'examen des modèles historiques et des exemples actuels met en évidence la pertinence d'un leadership cohérent, fondé sur des principes et reposant sur des bases éthiques et morales. Les dirigeants qui élaborent les réponses sécuritaires et diplomatiques au terrorisme ont des choix importants à faire : ils doivent agir sans être entravés par des contraintes formelles banales et suivre une voie qui défend les valeurs universelles et soutient les droits de l'homme, sans se laisser dominer par l'opportunisme et le court-termisme. Cependant, en restant fermement attachés à un comportement éthique et à une politique fondée sur des principes comme base de leurs actions futures, les États peuvent tracer la voie vers un monde meilleur et plus sûr.

Équilibre entre intérêt national et responsabilité mondiale

Dans l'anarchie des relations internationales, l'équilibre entre les intérêts nationaux et les obligations mondiales est une question difficile, même pour les dirigeants qui doivent prendre des décisions, et peut-être encore plus pour ceux de Washington. La nécessité de défendre et de faire prospérer son pays est symbolique de l'histoire souveraine de chaque État-nation, y compris en matière de sécurité, de développement économique et de bien-être social. Cependant, dans un monde depuis longtemps interconnecté, confronté à des menaces transnationales et à des problèmes communs, il est tout à fait justifié de mettre en balance ces intérêts nationaux exclusifs et les obligations mondiales plus larges.

Pour les États-Unis, cet exercice d'équilibre se manifeste

souvent dans leur politique étrangère, qui cherche à concilier leurs propres besoins et leur rôle de leader mondial. Trouver cet équilibre nécessite une stratégie nuancée qui tienne compte des effets immédiats des mesures unilatérales sur le reste du monde, tout en garantissant un avantage stratégique à long terme pour le pays concerné.

Nous devons avoir une perception complexe des liens inextricables qui existent entre les intérêts nationaux et les responsabilités mondiales. Les États-Unis doivent donc comprendre que leur sécurité nationale et leur bien-être économique sont étroitement liés à la stabilité et à la réussite des autres pays. La résolution des problèmes mondiaux, tels que le changement climatique, les pandémies et le terrorisme, exige une approche collaborative et multilatéraliste qui reconnaisse l'interdépendance des pays. La recherche d'intérêts stratégiques nécessite de comprendre les conséquences des politiques américaines sur le système international, ainsi que la volonté de contribuer à créer un climat mondial favorable à la paix, à la sécurité et au développement. Il est donc nécessaire de trouver un équilibre entre les intérêts nationaux et les responsabilités mondiales, ce qui garantit que lorsque les États-Unis prennent l'initiative sur certaines questions — comme cela a été le cas récemment, bien sûr, avec l'État islamique et l'Irak —, ils réfléchissent également à l'impact que cela aura au-delà de leurs frontières. Mais quel signal nos actions envoient-elles au reste du monde ? C'est dans ce contexte qu'il sera indispensable d'utiliser son influence et sa puissance pour résoudre les crises internationales, rechercher des solutions diplomatiques et garantir le principe de sécurité collective.

Cependant, la frontière est moins claire à mesure que le monde devient plus connecté. Il reste difficile de concilier les priorités nationales et les responsabilités mondiales, les objectifs contradictoires des gouvernements et les contraintes systémiques entravant les tentatives de rapprochement entre ces deux types de réponses. Cela nécessite un ajustement subtil des politiques et des engagements afin de poursuivre les intérêts nationaux sans pour autant négliger le bien-être mondial. Il faut faire preuve de finesse pour trouver le juste équilibre, de diplomatie pour le négocier et d'un travail de coalition acharné pour construire une structure qui recherche le meilleur pour sa nation tout en contribuant positivement au village mondial. Il faut reconnaître que la poursuite d'intérêts personnels étroits au lieu de favoriser une plus grande stabilité mondiale finira par nuire aux intérêts de toutes les nations, y compris ceux des États-Unis.

À mesure que le monde évolue, la nécessité pour les États-Unis d'équilibrer leurs propres intérêts et responsabilités dans un nouvel ordre mondial reste un principe immuable de leur politique étrangère. Pour négocier au mieux ce paysage complexe, l'élaboration et la mise en œuvre des stratégies américaines doivent être guidées par un mélange équilibré de pragmatisme, de principes et de vision à long terme. Avec une telle ligne directrice, les États-Unis peuvent exercer leurs intérêts internationaux de manière systématique et responsable et contribuer à l'établissement d'un ordre mondial dans lequel tous les pays sont partenaires dans un esprit de bénéfice mutuel, de coopération et de prospérité.

Conclusion : faire face à un paysage géopolitique complexe

Pour comprendre le réseau labyrinthique de la géopolitique internationale, il est nécessaire d'avoir une compréhension approfondie des difficultés et des interactions qui régissent la politique internationale. L'analyse de la manière dont les États-Unis ont façonné ce paysage montre que la poursuite des intérêts nationaux doit être tempérée par des responsabilités mondiales plus larges. Cet équilibre délicat nécessite un point de vue nuancé qui tienne compte des impératifs de la sécurité nationale tout en reconnaissant l'importance du respect de l'ordre international. Une rétrospective de ces obligations sociales clôt l'ouvrage par une réflexion sur sa complexité, les obstacles à surmonter et les possibilités à exploiter.

À une époque où le monde connaît une géopolitique en rapide évolution et où l'équilibre des pouvoirs est en train de changer, les États-Unis doivent adopter une position stratégique qui tienne compte de l'interaction entre les intérêts des nombreuses forces en présence dans le monde. L'ascension de nouvelles puissances régionales, la remobilisation d'anciennes grandes puissances et l'entrée en scène d'acteurs non étatiques ont redessiné la carte du monde. Il est nécessaire de savoir naviguer dans ce paysage complexe et de comprendre les objectifs et les aspirations qui se recoupent des communautés qui y vivent.

L'évolution de la géopolitique mondiale nous oblige également à repenser nos anciennes conceptions de la sécurité et de la diplomatie. Étant donné que nous sommes sur le point de faire face à de nombreux défis transnationaux, du changement climatique au terrorisme en passant par les pandémies, il est clair que nous avons besoin d'une vision plus globale qui dépasse largement les intérêts nationaux. Cela exige une approche coopérative et inclusive de la résolution des problèmes mondiaux, qui tienne compte de l'interdépendance de notre planète et de l'obligation internationale commune de lutter contre les menaces communes.

De plus, les États-Unis doivent être conscients de toutes les implications morales de leur comportement sur la scène mondiale. En effet, en tant que défenseur des valeurs démocratiques libérales et des normes en matière de droits de l'homme, le comportement des États-Unis a des répercussions qui s'étendent à tous les coins du globe. C'est pourquoi il faut faire preuve d'habileté pour naviguer dans un terrain géopolitique aussi complexe, et ce faisant, l'idéal serait de respecter les principes qui transcendent l'intérêt national. Adhérer à une clarté morale dans un monde où d'autres rejettent ces responsabilités n'est pas simplement le moyen par lequel l'Amérique sert ses intérêts dans le monde, mais aussi la manière dont peut exister un ordre international stable et juste.

En résumé, la complexité de l'environnement géopolitique actuel rend nécessaire de repenser la stratégie globale des États-Unis dans son ensemble. Maîtriser leurs relations complexes [entre la Chine, l'Ukraine et la Russie] nécessite non seulement une diplomatie et une stratégie militaire intelligentes, mais aussi une connaissance approfondie des valeurs éthiques et des paradigmes changeants de la gouvernance mondiale. En adoptant cette approche multidimensionnelle, les États-Unis pourraient être en mesure d'aborder les complexités de la scène mondiale avec sagesse, prudence et dévouement afin de promouvoir un monde plus sûr, plus prospère et plus harmonieux.

www.ingramcontent.com/pod-product-compliance
Lightning Source LLC
Chambersburg PA
CBHW020529080526
44583CB00013B/797